GOING
FOR
THE
FUTURE!

学びに向かって突き進む!

1年生を育てる

松村英治
［著］

東洋館出版社

〈目次〉

第1章　1年生の力は侮れない

第2章　1年生は本当におもしろい

第3章　スタカリが、学びに向かう文化の土壌を耕す

第4章　1年生の「深い学び」の姿

第5章 子供の姿から見えてくる生活科のミッション

第6章　学びに向かう1年生を育む生活科の授業づくり

第1章

1年生の力は侮れない

1年生パラダイム・シフト

いい授業が、学びに向かう学級をつくる。
学びに向かう学級が、授業のさらなる可能性を広げる。
この双方向性のある相乗効果を引き出すことが、学びに向かって自ら突き進んでいける子供を育てる。

目の前の子供の特性、学級文化、家庭や地域の特色など、様々な差異を超えて、いい教育を実現している教室には、こうした力学が働いているように思います。その実践と手法の一端を明らかにすることが本書のミッションです。
特に、本書で光を当てたいのが1年生の学びです。それがために、まず掲げておきたい捉えがあります。それは、こういうことです。

1年生の子供たちの力は侮れない。

彼らは、自ら課題を見付け、自ら学び、自ら考え、主体的に判断し、よりよく問題を解決する「資質・能力」の原石である力をそもそももっています。それなのに、私たち教師は、小学校に入学したばかりの子供たちに対して、つい次のような印象をもってしまいます。

「1年生は何もできない存在」

小学校に入学したての1年生は、上級学年の子供たちから「お世話される」対象だとみなされることがあります。朝の支度を6年生にお世話してもらう、2年生に学校を案内してもらう、などなど。

こうした教育活動自体が悪いわけではないのですが、1年生でもちゃんとできることまでお世話すべき対象だとみなしてしまうと、「お世話をしてもらわないと（してあげないと）、何もできない存在なんだ」という誤ったメッセージを、1年生のみならず上級学年の子供たちにも送ってしまう危険性があります。

それから、もうひとつ。

「1年生は教師が教え導くべき存在」

入学式を終えてしばらくすると、職員室で次のような会話が交わされることがあります。

「ぜんぜん話が通じないよね。1年生だものね」
「そうそう、まるで小さな宇宙人みたい」

けっして卑下しているわけではありません。ちょっとした笑い話として交わされる、小学校という職場での「あるある会話」のひとつです。その胸中には「だから、私たち教師がしっかり指導しなきゃ！」というポジティブな心情があります。

しかし、教師としての高いモチベーションが、かえって1年生のもてる力を見誤らせてしまうことがあるとしたら…私は、あまりにもったいないと思うのです。

新しい学習指導要領が目指す**「資質・能力」が、本当の意味で育まれるためには、子供がそもそももっている力（ポテンシャル）の存在を信じ、その力を引き出し、生かし、高めていくこと**に尽きます。そのためには、1年生の子供たちに対して抱きがちな私たち教師のイメージ、思い込みをリセットするようなパラダイム・シフトが必要となるように思うのです。

子供たちは、小学校に入学する段階で、遊びや生活を通してたっぷりと学び、「資質・能力」の原石を形成しています。幼稚園・保育所・認定こども園（以下、「園など」）などでリーダーとなって大いに活躍し、周囲の友達や年下の子供たちから頼られてきた経験と知己をもっています。

それなのに、

「1年生は何もできない存在」

「この子たちにできることはとても限られている」

「私たち教師が何でも教えてあげなくちゃ」

という意識（親切心）で子供に接してしまえば、

「小学校は幼稚園とは全然違うんだ」

「いまのぼく（わたし）の力は通用しないんだ」

という誤った意識を刷り込んでしまい、もてる力を安心して発揮できず、自ら学んでいける可能性を狭めてしまうのです。

そうではなく、まずは「1年生の子供たちは、入学した時点ですでに学びに向かっていける力をもっている！」と心から信じること、そして、彼らの潜在的な力を存分に活用・発揮させる場面を数多くつくることができれば、私たち教師の想像を凌駕するような力を彼らは発揮してくれます。彼らのもてる力を信じ、これまでよりも学習の目標レベルを引き上げてもよいのではないか、私はそんなふうに感じています。

そこで、ここでは「1年生観」を象徴するような場面や、それを乗り越える可能性について紹介していきます。

1　1年生の子供は学習中に席を立ったり、移動して戻ってくることが得意

授業を参観していると、提出物を机の上に出させ、教師がグルグルと回り、集め終わるまで子供たちをじっと待たせる、そんな光景を見ることがあります。また、ひらがなの書き取りを終えると、右手をピンとあげたまま、丸付けの先生が回ってくるまでずっ

と待っている子を見かけることもあります。

このような授業者の心情には、「1年生の子供たちに離席させると、どこかへ行ってしまうのではないか」「収拾が付かなくなるのではないか」という心配があるような気がします。しかし、教師が先回りしてそんな心配をする必要はありません。彼らは席を離れ、また戻ってくるというトレーニングをすでに積んでいるからです。

幼稚園等では、「ここが自分の席」といった場所が固定されていません。せいぜい「ここが自分の使うグループのテーブル」くらいのゆるやかな取り決めが多いと聞きます。

そのような環境のなかで、ときにはぎゅっと集まり、ときには車座になり、ときには並び、ときにはテーブルに向かって座る……（発達障害など課題を抱えている子といった特別な理由でもない限り）一度立ち上がったらどこかに行ってしまうということはありません。

1年生の子供たちは、席を立ったり座ったりする、目的に沿って形態を変えることには、実は割と慣れているのです。

2　指導の手順を少し変えるだけで、子供の自己有用感は向上する

1年生の担任の週案を見ると、「〜の仕方を教える」「〜の使い方を教える」という文末表現が多いことに気付きます。その裏側には、前述したような「1年生は何もできない存在」という意識が根底にあります。実をいうと、以前の私がまさにそうでした。

机のなかの片付け方、道具箱やロッカーの使い方、靴箱、水飲み場、トイレなどなど…。小学校という新しい環境に1日でも早く慣れてもらおうと、私たち教師の親切心が動きます。

しかし、環境は違っても、園などでの生活と共通する事柄は少なからずあります。たとえば、園でも遊び道具を片付けていただろうし、トイレで用を足していたはずです。たとえ小学校とは多少やり方が異なっていたとしても、その目的とするところは変わりません。そんな事柄を拾い出していけば、何もゼロベースで一つ一つ教え込む必要なんてないんだと気付くことができます。

そこで、私は朝の会などで「いま困っていること」「何か心配なこと」を子供たちから聞く時間を設けることにしました。誰かが発言すれば、同じ悩みをもっている子は「うんうん」「そうそう」と頷きます。こうしたワンクッションを入れたうえで、子供たちと一緒に「仕方・使い方」を確認します。

また、目で見て分かるように、使い方などをイラストにまとめて掲示しておき、それでも困っている子がいれば個別に声をかけます。

このような取組であれば、「自分は1年生で何もできないから教えてもらってるんだ」という受け身の体験ではなく、「何に困っているかに自分で気付き、それを自分なりに表現し、解決できた」という成功体験に変わるのです。

3　態度を改めるのではなく、授業を改める

だらっとした雰囲気を払拭して、子供たちにしゃんとさせるおまじないに、「グー、ペタ、ピン、サッ！」とか、「お背中、ピン！」などがあります。

約束事として、かけ声と行動パターンを取り決めておけば、そこは素直な1年生の子供たちです。バシッといい姿勢をしてくれるでしょう。ただ私は、「かけ声一つで子供がしゃんとしてくれれば、（確かにありがたいのだけど）本当にそれでよいのだろうか」と疑問に感じていました。

目の前の学びが自分事になっている、学びの楽しさを味わっている、そんな授業を受けている子供であれば、そもそも教室の雰囲気がだらっとすることはないでしょう。友達や先生の話を聞くことに、その子なりの必然性があれば、耳だけではなく、目や心、体全体を使って、話を聞こうとします。ときには、椅子からお尻を浮かせて、前のめりになって没頭する姿だって見られます。

こうした姿は、1年生も6年生も同様です。大事なことは、「その授業がおもしろいか」「子供が没頭できるような学びがあるか」です。

もし、授業改善に目を向けず、態度を正すだけのテクニックに走れば、いずれ袋小路に行き着きます。「高学年になったこの子たちには、もうおまじないがきかない…さて、ほかに何かよい手はないものか」と。逆に、なまじテクニックだけで乗り切れてしまえ

ば、今度は授業改善の視点とその可能性に気付けない、そんな危うさを感じるのです。

6年生ともなれば、教師の心情を慮るようになり、たとえ授業がつまらなくとも、まじめに席に着いているだけかもしれません。その点、1年生は自分の感情に正直ですから、授業がつまらなければ、あくびをしたり、隣の子をつついたりしはじめます。

しかし、学びに取り組む態度という点から言えば、6年生と1年生との違いなどせいぜいそんなところ。重要なことは、ある瞬間のたたずまいを正すテクニックだけに頼ると頭打ち、だからこそ、子供にとっても教師にとっても共におもしろいと思える、学びのある授業にしていくことが大切だと、私自身痛感しています。

4　名前シールの剥がれ具合は、自分の授業力のバロメーター

かつて自分の受けもちの子供に次のことを言ってしまい、とても後悔していることがあります。

「机に貼ってある名前シールが剥がれている子は、授業で集中していない証拠です」

1年生の子供たちは落ち着きがないから、集中が切れると名前シールを剥がしてしまう、そんな思い込みが私にはありました（1年生の机には、だいたい名前シールが貼ってあります）。

確かに、発達の特性として1年生が集中していられる時間には限りがあります。その

ため、ペアやグループで話し合ったり、発表し合ったりする時間を効果的に入れることは大切です。しかし、集中できる時間うんぬんではなく、ただ単に私の授業がつまらないもの、魅力がないものだったとしたら…。「3」で紹介したことと同様のことがいえるのではないかと思うのです。

私にとって名前シールの剥がれ具合は、自分の授業力のバロメーターです。

5 ガマンによってではなく、学ぶ楽しさや深まりによってガンバりたくなる学校

入学して間もないころは、泣きながら登校してくる子がちらほらと見られます。だんだんと少なくなってはいくのですが、いつまで経っても嫌そうに学校に来る子はゼロにはなりません。

理由を尋ねれば、（個別には様々な理由が挙げられると思いますが）おしなべて「学校が楽しくない」「学校が嫌い」と彼らは口にします。すると、私たち教師は、脊髄反射的についい次のように思ったり口にしたりします。

「いやいや、小学生になったらしっかりガマンすることも覚えないと！」

「学校はガンバらないといけないところなんだよ」

「ちょっと気合いが足りないんじゃないかなあ…」

実際、私自身も教師になりたてのころは、そう思ったり口に出したりしていました。

しかし、次第に、これからの学校は「ガマンとガンバリ」とは異なる視点から様々な教育課題に対応し、子供たちの資質・能力を育むことが大切なのではないかと考えるようになりました。

ガマンによってではなく、学ぶ楽しさや深まりによってガンバりたくなる子供を育む、そのためには、1年生がもっている力、すなわち「思いや願い」のもつ力を明らかにする必要があると私は思うのです。

「思いや願い」その本当の価値

私たち教師は、日ごろから、子供たちの「『思いや願い』のもとに…」という言葉を大切にしています。それは望ましい教育行為の前提となるものだからですが、では「なぜ大切なのか」「そこにはどのような価値があるのか」については、あまり意識せずに口にしているような気がします。

「思いや願い」を1年生の子供の表現で例示すると、次のような感じでしょうか。

「あれ、やってみたい！」
「今度はこうしてみたい！」
「もっとこうだったらいいのに！」

「Aちゃんのように、わたしもできるようになりたい」

「思いや願い」には、自分の行動・思考・展望・憧れを具体の形にイメージ化させる機能があるように思います。それだけでなく、学びに向かって突き進む原動力ともなるものです。だからこそ、たとえば生活科でも「思いや願い」をもって生き生きと活動に取り組む子供の姿を大切にしているのです。そのような意味では、「思いや願い」は、教師と子供が共に「いい授業」をつくるための源泉であるとも言い換えることができます。

いい授業には、「思いや願い」を軸として、体験と言語化を行き来する学習活動を通して得られる学びをよりどころとして、さらなる「思いや願い」につなげていくという循環があります。つまり、**「思いや願い」は学びのスタートであると同時に、**（途中経過としてのアップグレードされた）**学びのゴールでもある**ということです。

問題は、（1年生に限ったことではないのですが）誰の助けも借りずに「思いや願い」を積極的に言葉や行動に表せる子供はそう多くないという事実です。むしろ、「思いや願い」はもっていても、言葉や行動に表すことを意識的にセーブしてしまう子、むしろネガティブな思いを抱いている子、言葉や行動に表したいのだけれど、どうやっていいか分からない子、そもそも自分が「思いや願い」をもっていることに気付いていない子など様々です。

ですから、ただただ「思ったことを言ってごらん」「やりたいことを試してみよう」

と働きかけるだけではうまくいかない、そんなむずかしさがあります。実社会・実生活と裾野を広げれば、私たち大人でも容易ではないことに気付かされます。

なぜなら、「思いや願い」を具体の形にするためには、これまでそうしてこれた体験の積み重ね、自分の言葉や行動への周囲からの価値付けの積み重ねがバックボーンとして必要だからです。こうした裏付けがあってはじめて、言葉や行動に表せる以上、そうできない子にとっては、ハードルが高いことであり、勇気が必要なことなのです。

1年生の誰もが「資質・能力」の原石という得がたいポテンシャルをもっています。しかし、実際に「思いや願い」を具体的にもち、活動を通して発露するには、そうすることができる環境とトレーニングが必要なゆえんです。

「思いや願い」をもとにして「いい授業」をつくることと、クラスのすべての子供たちが自分の「思いや願い」をみんなの前で言葉にできる「いい学級」をつくることは、常に背中合わせです。そのための学びの文化づくりを、授業づくりと学級づくりの双方から考えていく必要があるように思います。

その際、念頭におくとよいことがあります。それは、**「思いや願い」は、何も自分発でなくてもよい**ということです。まわりの友達の思いや願いに触発されて自分なりに考える、あるいは友達の真似だってよいのです。このように、「思いや願い」にはお互いに影響し合う双方向性があります。

仮に「思いや願い」をまったくもっていない子がいたとしても、一定程度よいクラスであれば、お互いに影響し合って「あの子と一緒にやってみようかな」という意識が自然と芽生えます。すると、クラスの雰囲気がもう一段階底上げされるだけでなく、授業の質を高める可能性も広がります。

逆のパターンもあります。授業を通じて「思いや願い」をもてるようになったことが、クラスを活気づかせる相乗効果です。

たとえば、休み時間、遊んでいる友達の輪に入っていけない子がいれば、「先生も入れて」と言って、その子供と共にその輪に入って一緒に遊ぶ、あるいは、授業でAという考え方とBという考え方のどちらが望ましいかを話し合う場面で、何か思い付いたのに発言できずにいる子がいれば、どちらの考えに立つか挙手で表現させたり、黒板に名前シートを貼ったりする、そうすることによって、少しずつ「思いや願い」をもてるようになる、言葉や行動に表せるようになるのだと思います。

こうした体験の積み重ねや先生による価値付けがあれば、「あ、ぼくはこういうことがやりたいことだったんだ」という気付きが生まれたり、「自分の思ったことをみんなの前で言ってもいいんだ」という安心感をつくっていけます。すなわち、「楽しい！」と感じた体験や「うまくいった！」という体験の積み重ねが「これがやりたい！」という「思いや願い」を育んでいくのだろうと思います。

「Aさんの思いを借りる」「Bくんの願いに寄りかかる」こうした行為によって生まれる意識の醸成は、生活科の授業を行うことの意義や価値とも緊密に結び付きます。すなわち、よりよい生活科の授業を通じてよりよい学級づくりにつながる、そのことが1年生の子供たちの学びの深まりを促してくれるということです。

正直に言うと、私自身「この子は自分の『思いや願い』をもてない子なんだ」などと思ってしまう瞬間もあります。しかし、その意識を振り払って自分をコントロールしていかないと、「いくら教師である私が努力しても、この子の問題だから仕方がない」と、その子のせいにしてしまいます。その瞬間、その子にとって学校というものが何の意味もない場所になってしまうのです。だからこそ、子供たち一人一人が「学校に行けば、みんなと会える」「みんなと一緒に学べるのが楽しい」と思える場所にしていかなければならないのだと思います。

このことは、1年生にとってのみ大切な視点ではないように思います。

幼児期に、やりたいことを見付けられる体験を積んでいない子が、小学校に入学した途端に見付けられるものではないのと同様に、低学年でも体験を積めなければ、たとえば総合的な学習の時間、問題解決に向けて「(自分の)やるべきこと」を見付けられません。それは総合だけの話ではなく、社会科や理科といった他教科や学級活動などでも同様です。

そうした意味からも、生活科における学びは、本当に大切だなぁと感じます。遊びを軸とした学びから学習活動を軸とした学びへとつなげる「結節点」（架け橋）ともなるものですから。

ぼくらは何のために学ぶのか？

「微分なんか勉強して、何の意味があるの？」

勉強が苦手だったり、試験勉強が厳しかったりするとき、誰しも不意に頭をよぎる疑問です。この疑問を突き詰めると、いずれ「そもそも、なぜ自分は勉強しなければならないのだろう？」に辿り着きます。

こうした疑問が湧くのはなぜか…その背後には、「いま勉強していることが、いつか本当に役に立つのだろうか」という疑念であり、「役に立たないなら、勉強する意味なんてないじゃないか」という失望感なのだろうと思います。そして、このような疑念や失望感が生まれるのは、「役立つ」ことが「勉強すること」の目的や意味だという思い込みが心の内にあるからだと思います。

言うまでもなく、微分そのものは、（分数の割り算でも、振り子の原理でも何でもよいのですが）家庭生活や社会生活において、直接的・具体的に役立つ場面は想定しにくいものです。ですから、(四則演算のように日常生活を送るうえで欠かせない勉強もありますが)「勉強をする」ことと「役に立つ」こととは、基本的に切り離して考えたほうがよいと思うのです。

　そのうえで、私なりの答えをあげたいと思います。「私たちは、何のために学ぶのか?」

　それは「楽しいから」です。「おもしろいから」です。遊びと同じです。

「え!そんなこと?」と月並みなことだと思われるかもしれませんが、それが真実です。

「これまで知らなかったことを知ることは、楽しい」

「知っていることを使って謎を解くのは、おもしろい」

「学びを通じて新しい自分になっていくことは、うれしい」

　ちょっと角張った言い方をすれば、「新しい知識を獲得する」「既有の知識を使って知識を精緻化・概念化する」ことは、本来的に「楽しい」ことだし「おもしろい」ことだということです。そして、このことは、まさに学校で行う勉強そのものです。ですから、**「楽しいこと」「おもしろいこと」それ自体が勉強する意味であり理由である**と考えてよいのではないでしょうか。

　突き詰めれば、大人だって大差はありません。

　研究会に参加して授業を観る、教育書を買ってきて授業づくりについて学ぶなど、実社会での勉強は、「役立つ」ことを目的とすることが多いと思います。しかし、それでも、その根底には、やはり「楽しい」「おもしろい」があると思います。それがなければ、仕事に役立つレベルに達する前に、おざなりになってしまうか、勉強そのものを諦めてしまうでしょう。

そもそも子供は知りたがり屋です。特に、1年生はその塊《かたまり》です。何か「これはおもしろそうだ」と思うものを見付けたら、一目散に駆け出して、（引っ込み思案な子もいますが、少なくとも心のなかでは）どんなことでも知りたがるし、どんなことにも首を突っ込みたがります。

このように、新しいことを知ることは、本来「楽しい」「おもしろい」ことであるはずです。しかし、そうであるはずなのに、いつしか「勉強が楽しくなくなってしまう」「ちっともおもしろくない」そんな子供が増えていく…。

あるとき、知人がこんなことを言っていました。

私は、頑固者というか偏屈というか、とにかくこだわりが強い子供でした。小学生低学年のころ、足し算でも掛け算の答えが出せることに気付いて、4×3は4を3回足して答えを出すなど、すべて足し算で計算していました。すると、担任の先生から「いまは掛け算の授業なのだから、九九を使って計算しなさい」と言われました。しかし、納得がいかず、足し算で押し通していました。

それからしばらくして、「大人になったら、足し算だけでは役立たない。あなたは将来必ず損をする」と言われて怖くなり、しぶしぶ九九を覚えました。それですっかり算数が好きではなくなりました。

当時の私にしてみれば、「答えを出すことが目的なんだから、どんなやり方だっていいじゃないか」「足し算よりも掛け算のほうが後から勉強するんだから、掛け算のほうがむずかしいはず。だったら、易しい足し算でむずかしい掛け算の計算ができたらすごいじゃないか」そんな気持ちでいっぱいした。「足し算で掛け算の答えが出せる」ことは、当時の私にとって大きな発見であり、自慢でさえあったのです。それを根底から否定された気がしたのです。

この話を聞いて、私は2つのことを思い至りました。

ひとつは、ほかの子とはかけ離れた風変わりの子供であっても、その子なりの理由が何かしらあるということ。もうひとつは、「なぜ、勉強をするのか」という疑問に対する理由付け、価値付けを行うことがいかに大切なことか、ということです。

もし私が、子供時代の知人の担任だったら、次のように声をかけるでしょう。

「おー、足し算で計算しているんだね。おもしろいなぁ。じゃあ、今度はそれとは違う新しいやり方でもやってみようよ。いろいろな計算のやり方をマスターできたらすごく格好いいものね」

私のクラスには、新しいやり方で計算するのは「格好いいこと」「誇らしいこと」だと受け止める学びの文化があります。これは、算数の計算方法に限りません。どの授業でもチャイムが鳴ったらパパッと戻ってきて、誰よりも早くノートなどを準備して得意満面な子供がいます。私のクラスでこのようなルールをつくって奨励しているわけではないのですが、こうした行動が自然と生まれるのも、学びの文化が背景にあります。

彼（彼女）がそうした振る舞いをするのは、そうするだけの価値を自ら見いだしているからですが、それと共に教師や友達によって価値付けられたものでもあるからです。だから、胸を張れるのです。

実際の授業は、必ずしも自分の思いや願いだけで進んでいくわけではないことを、1年生の子供たちだって知っています。しかし、毎時間、子供自身が何かしら新しいと思えることがもちあがって、それにチャレンジできる環境を用意できれば、彼らは新しい自分になっていくことを楽しむことができる、おもしろがることができるのです。むしろ「早く先がやりたくて仕方がない」くらいの風情です。だから、どの教科の授業であっても、（出来・不出来ではなく）学ぼうとする子でいられるのだと思います。

このことは、教師と子供との信頼関係というよりも、「来年の1学期にはこんなに楽しいことがあるよ」と未来の自分を想像させてみたり、振り返りを積み重ねて自分の変容に気付かせていく、つまり「いい授業」を行うための教師の仕掛けの積み重ねです。その結果として、「学ぶのが楽しいから学んでいます」と胸を張れる子になっていくのだろうし、そうなってほしいと思います。

見方を180度変えれば、学校は、将来ちっとも役立たないことばかり学ぶ場だという言い方もできるのです。しかし、「役立つとかではないんだけど、おもしろい」「意味はないかもしれないけど、楽しい」まさに遊びと一緒です。それ自体が楽しい、しかし楽しいだけでは終わらない。

本当に楽しく学べたこと、本気で学べたことは、必ずその子のなかに何かを残します。微分そのものは将来何の役にも立たないかもしれない、計算方法などはもうすっかり忘れてしまった、しかし、数学的な見方・考え方は思いも寄らない形で残るかもしれない、ということです。

教育とは迂遠なものです。何がその子の人生の助けになるか、誰にも分かりません。しかし、そうした様々な教科の見方・考え方は、大人になって役立つ（使える）知識の引き出しをつくっていくことは想像に難くありません。そして、それこそが、新学習指導要領が目指す真の知識の姿であり、見方・考え方の本質であるように思います。

第2章

1年生は本当におもしろい

1年生の「見方・考え方」って本当におもしろい！

発達心理学によると、1年生は、幼児期から児童期のちょうど変わり目にあたるといいます。確かに、教室で彼らをつぶさに観察していると、2年生になった途端にぐっと児童期らしくなり、たった1年の差であっても「1年生とは違うなぁ」と感じることがよくあります。

だからこそ、1年生はおもしろい。私たち教師は、1年と2年とを合わせて低学年とひとくくりにしていますが、実はこの変わり目のおもしろさを味わえるのは1年生を受けもったときだけのように思います。

そこで本節では、その一端を紹介します。

1　登場人物って、いったい何なのだろう

5月になると、国語科ではじめての物語の学習がはじまります。絵本の読み聞かせなどで物語に触れてきた子供たちですが、学習として物語を読むことは、はじめての経験です。

学習として物語を読むとは、いわば自分なりの解釈をつくっていくことです。おもし

ろいかつまらないかだけではなく、どのような叙述を自分はおもしろいと感じたのか、なぜそう思ったのか、その物語にはどのような人やモノが登場し、どのような役割を担っているのかなど、学年の段階に応じて学びを深めていきます。

私は、ある年みんながよく知っている『ももたろう』を入り口の教材として、登場人物に着目するような学習にしたいと考えました。

登場人物という言葉は、子供たちも何となく知っています。そこで、「『ももたろう』にはどんな登場人物がいますか？」と尋ねました。

すると、「ももたろう」「おじいさん」「おばあさん」「いぬ…」などと次々に登場人物の名前があがります。そのうち、「きじ」「さる」「おに」「きびだんご…」と続きました。

その瞬間、教室内に「ん？」という空気が流れます。何人かの子供が一斉に発言します。

「きびだんごは、登場人物じゃないよー！」

この発言をきっかけに、クラスを二分する対話に発展します。子供たちの対話は揉めに揉めます。

大人の感覚からすると、ちょっと考えにくいことですが、クラスの3割近くの子供が「きびだんごは、登場人物」だと捉えたのです。

子供たちの話をよく聞いてみると、次のようなことが理由だと分かりました。

「だって、きびだんごもお話に出てくるよ」

「ももたろうが、犬やキジやサルにきびだんごをあげるでしょ？　だから、きびだんごも登場人物」

どうやら、「登場人物」というときの登場という言葉に強く引き寄せられたことで、「物語のなかに登場する以上、きびだんごだって登場人物」という理解につながっていたのです。

このとき、子供たちの発想をどのように捉えるかによって、その後の指導が180度変わります。私はというと、心のなかでもう大笑い。「1年生の子供たちって、なんておもしろい発想をするんだろう」と。

そこで、きびだんごを登場人物の仲間に入れてもいいかについて、賛成か反対かという対話ではなく、「そもそも登場人物とはどのような存在なのか」について、子供たちと一緒に考えることにしました。

「ももたろうやおじいさんは登場人物？」

「そう！」みんな一斉に答えます。

「じゃあ、きじやさるはどう？」

「登場人物だと思う！」

「動物だけどね」

反対する子はいません。

「ももたろうのように人間じゃなくても、登場人物なのかな？」

「しゃべったり動いたりすると、登場人物なんじゃないの？」そう口にした子の発言を受けて、「ちょっと近くの人と相談してみて」と促しました。

すると、「人間のように話したり、自分で考えたりして動くものだったら登場人物だ」という意見にまとまってきました。「だから、鬼だって登場人物！」

こうした対話を踏まえて、「もう一度『ももたろう』の登場人物を出し合おう。そのとき、なぜそう思うか理由も一緒に言おう」と促しました。

Aさん「ももたろうは桃から生まれているけれど、人間だから登場人物です」

Bくん「きじやさるは、人間ではないけど、きびだんごがほしいと話したり、おにと戦ったりしているから登場人物です」

「では、きびだんごはどう?」

「きびだんごは、人間ではないし、話をしたり動いたりもしない物だから、登場人物ではないと思います」

クラス全体で辿り着いた結論が生まれた瞬間でした。

その後、こんなことをつぶやいた子がいました。

「でも…話をしたり動いたりする物だったら、登場人物かも…」

そう、たとえ物であっても、話をしたり動いたりして物語の進行に何かしら関与する存在であれば登場人物である、このことに何となく気付いている発言でした。たとえば絵本『こんとあき』に登場する「こん」(きつねのぬいぐるみ)あたりを頭に思い浮かべたのかもしれません。

これこそまさに、既有の知識を使って(「見方・考え方」を働かせて)、新しい概念を形成している姿そのものだと私は思うのです。

大人の感覚で子供たちの直感や発想を取捨選別するのではなく、子供の直感や発想を出発点として一緒に考えたり、丁寧に対話を重ねていけば、「自分がなぜそう思うのか、自分なりの理由を説明できる」思考力を、子供たちは獲得していけるのです。

2 クラス全体を巻き込むひらめきが生まれるとき

5月の半ば、国語科での新出のひらがなを勉強する時間。

「リーダーで分かれている右上の部屋には、3画目の点だけを書くからね。それに気を付けると、バランスがよくなって上手に書けるよ」と、「お」の書き方のポイントを説明していたときのことです。

「先生、先生…、ま・つ・む・ら先生…」前のほうの席で私の名前をつぶやく子がいます。

ん〜、なんだろうなと思いながら、「そういえば、さっき『おにさん　おにぎり　おいかける』と音読をしたなぁ。私のことを鬼みたいだと言いたいのかな…」などと考えながら「お」の説明を続けていました。

すると、ニコニコしながら「先生、先生、先生…」とつぶやくのをやめません。

あれ？　音読のことではないのかな、と思った私は、どうしたの？と尋ねてみました。

すると、彼女曰く、

「先生は一人暮らしで寂しいでしょ。『お』の点も、右上の部屋に一人ぼっちだから、**この点は松村先生なんだよ！**」

一瞬クラスが静まり返ったかと思うと、私も子供たちも大爆笑！

「なるほど！」と、思わず膝をたたきました。

このときほど、子供のつぶやく声をスルーしたりせずに拾い上げてよかったと思ったことはありません。

1年生が話す言葉は独特なところがあって、大人にはうまく理解できないことがよくあります。心に余裕がないときであれば、つい聞き流したり、理由も聞かずに決めつけたりすることもあります。

しかし、彼らはこんなにもおもしろい発想をもっているのです。しかも、日常で目にしている景色と学習とが見事に重なり合った発想です。教師がタイミングよく拾い上げることができれば、思ってもみなかった学びが生まれるということです。

このような発想の裏側には、「一人暮らしは寂しい」という大人びた見方があります。きっと保護者の会話であったり、テレビなどで見聞きしている情報をもとにして、「一人暮らし」に対する見方を培っていったのでしょう。こうした**大人びた見方と子供らしい見方の双方が結び付いたとき、1年生ならではの素晴らしいひらめきとなった**のだろうと思います。

このような一見関係がないと思われる事柄がつなぎ合わさって、新しい意味が生まれる、その瞬間を教室のなかで実現する、そのためには、子供たちが思い付いたことを安心してつぶやき合える場を教室につくることが欠かせないのだと、私は子供たちから学びました。

3　日常の経験に引き寄せて、「3」という数字の不思議さについて語り合う

入学してはじめて教科書を使った算数科の時間。

いろいろな動物が教室の座席に座って学習などをしている様子を描いた挿絵（教科書掲載）を見ながら自分の思ったことを、隣の席の友達やクラス全体で自由に伝え合う活動をしていたときのことです。

子供たちの話題の中心は、挿絵のなかの教室で着席している3匹の犬でした。

「3匹で話しているのに、真ん中の犬が変な方向を向いているよ」

「どこを見ているんだろう」

「一緒に遊んでいるんじゃない？」

そんな会話です。

すると、その会話がクラス中に伝播して盛り上がる、盛り上がる。

「あっ、分かった！　あっちむいてほいをしているんだよ」と発言する子。

「ああ！そうかもしれない！」と友達の考えに同意する子。

「この犬は隣の友達の犬を見ているんじゃない！　きっと立っている別の犬を見ているんだ！」白熱した子がそう言いだして、みんなの前で説明しはじめる姿まで…。

彼らの言い分には、ある共通点がありました。

挿絵に描かれている3匹の犬。素直に見れば、3匹は仲良しで一緒に何かをやっている、そんなふうに受け取るでしょう。しかし、子供たちは3匹のうちの1匹は、ほかの2匹とは違うことをしていると捉えようとしていたことです。

一見すると、算数の授業内容とは全く関係のないように見える対話です。しかし、彼らの話によーく耳を傾けると、しきりに「3」という数字の不思議さについて語り合っていました。もし挿絵に描かれた犬が3匹ではなく2匹だったとしたら…きっと、このような白熱した対話とはならなかったでしょう。

その背後には、「3人（奇数）で一緒に遊ぶのはむずかしい」という経験が、彼らのなかにあったのではないかと思うのです。たとえば、子供の遊びは二手に分かれて遊ぶことが多いもの。その公平性を期するためには、同数（偶数）を担保する必要があります。そのような意味で、彼らは3匹の犬の目線を自分たち自身の目線になぞらえて語り合うことを通して、無自覚的に伝え合っていたのではないか、これもひとつの1年生における算数的活動（新学習指導要領では「数学的活動」に改訂）だとみなしてもよいのではないか、そんなふうに思えました。

＊

1年生がもともともっている「見方・考え方」は、本当におもしろいと思います。そのおもしろさを教師自身が心から味わい、授業のねらいにつなげていければ、きっと授業そのものがおもしろくなっていくと私は思うのです。

教科等における「学びの地図」をつくる

新学習指導要領は、「資質・能力」改訂とも言われます。従来のコンテンツ・ベースと、新しくコンピテンシー・ベースの双方の考え方が組み合わされ構造化されました。この「資質・能力」は、次の3つを柱としています。

①知識及び技能
②思考力、判断力、表現力等
③学びに向かう力、人間性等

このうち、③を「主体的に学習に取り組む態度」と読み替えれば、学校教育法第30条第2項に定める「学力の3要素」と対応関係にあることが分かります。いずれも大切な「資質・能力」ですが、私は殊に①に着目しています。

「知識及び技能」というと、同法においても「基礎的な知識及び技能を習得させるとともに」と定められているわけですから、しっかり「習得」させるべき「基礎・基本」であると考える方は多いでしょう。

しかし、次の文言をよく読むと「おや?」と思うことがあります。

第1―2―(1)　基礎的・基本的な知識及び技能を確実に習得させ、これらを活用して課題を解決するために必要な思考力、判断力、表現力等を育むとともに、主体的に学習に取り組む態度を養い、個性を生かし多様な人々との協働を促す教育の充実に努めること。

第1―3　(前略) どのような資質・能力の育成を目指すのかを明確にしながら、教育活動の充実を図るものとする。その際、児童の発達の段階や特性等を踏まえつつ、次に掲げることが偏りなく実現できるようにするものとする。

(1) 知識及び技能が習得されるようにすること。
(2) 思考力、判断力、表現力等を育成すること。
(3) 学びに向かう力、人間性等を涵養すること。

（傍点・筆者）

どちらの条文も共に新学習指導要領総則に定めるもので、第1―2―(1)では「基礎的・基本的な」となっているところ、第1―3ではその文言がありません。規定上のレトリックについては確かなことは分かりませんが、新学習指導要領における「知識及び技能」については、次のように説明されています。

知識については、児童が学習の過程を通して個別の知識を学びながら、そうした**新たな知識が既得の知識及び技能と関連付けられ**、各教科等で扱う主要な概念を深く理解し、他の学習や生活の場面でも**活用できるような確かな知識**として習得されるようにしていくことが重要となる。

教科の特質に応じた学習過程を通して、知識が個別の感じ方や考え方等に応じ、**生きて**

働く概念として習得されることや、新たな学習過程を経験することを通して更新されていくことが重要となる。

（平成29年版「小学校学習指導要領解説　総則編」／太字、傍点・筆者）

このことから分かるように、学校教育において従来より大切にされてきた「知識及び技能」ですが、このたびの改訂により、**何をもって「知識及び技能」とするのか、その位置付けが、これまでにはなかった表現で明確化されたの**です。すなわち「知識及び技能」の習得⇒単なる「基礎・基本」の習得ではなく、「知識及び技能」の習得⇒基礎・基本に基づく「概念」の形成だということです。

このことは、「思考力、判断力、表現力等」や「学びに向かう力、人間性等」を考えるうえでも、非常に重要なポイントで、「知識及び技能」を「従来の考え方が踏襲されたもの」であると取り違えてしまうと、これから求められる授業を見当違いの方向から改善してしまうことになりかねません。

重要なことは、新たな知識が既有の知識と関連付けられながら深く理解されることや、他の学習や生活の場面でも活用できるような確かな知識として習得されることです（技能においても同様）。

そこで、気になる点が、子供たちがこのような趣旨に基づく「知識及び技能」を獲得するために、どのような学習が必要になるのかということです。非常に高度なことを要求されているかのようにも感じます。（実際のところ、授業として具現化することは容易ではありませんが）しかし、そこは発想次第です。結論から先に言うと、1年生でも十分に彼らなりの概念を形成していくことができます。

そのヒントが、奈須正裕先生のご著書『「資質・能力」と学びのメカニズム』（平成29年5月、東洋館出版社）で示された『「お道具箱」の整理』（198~201頁）にあると考えます。

おそらく、学力の高い子供は、教師が事細かく指導せずとも、いま学んでいることをこれまでに学んできたことと関連付けたり、生活経験と比較したりして理解していると思います。無自覚にそういった理解の方略をとることによって、知識などを構造化・概念化して理解し、必要なときに活用できる知識を活用可能な道具として整理して仕舞っているのではないでしょうか。しかし、勉強が苦手な子供は、前述の学びのプロセスを自ら辿っていくことができません。ほかにやりようがないから一つ一つを丸覚えしようとしているように思います。

ある問題に正答することができても、その問題の問い方が少し変わっただけで途端に解けなくなる子供は少なくありません。同じことを問うているはずなのに、はじめて出合った問題であるかのように彼らには見えてしまうのです。

私は、本書を読んで奈須先生が主張されている「お道具箱」を整理できるような時間を意図的につくってみようと考え、次の方法に取り組むようになりました。この方法であれば、1年生であっても自分の思考を整理することができることが分かってきました。

1　四つ切りサイズの画用紙と付箋数枚を準備する

1人1枚、四つ切りサイズの画用紙を準備し、半分に折って、本のようにします。画用紙の内側には、正方形の付箋を貼ります。そして、たとえば国語科であれば、1学期に学習する単元の数だけ付箋を貼ります。貼ったあとは、付箋の上部に、日付を書く欄を空けておき、すべての単元名・教材名を子供自身が教科書を参照しながら書き入れます。これを私たちは国語科の「学びの地図」と読んでいます。

このような試みをするだけでも、子供たちは1学期にどのような名前の単元を学習するのかをいつでも見通すことができるようになり、学習の見通しをもてるようになります。

見通しがもてるようになると、多くの子供たちは、次の学習への意欲が高まったり、「この勉強とこの勉強は似ているね」と学習の系統性に気付いたりすることができるようになります。これは、国語科に限らず、どの教科等でも活用することができます。

2　単元末のワークテスト後に単元の振り返りをする

単元末になると、ほとんどのクラスでワークテストを実施されているかと思います。このワークテストは、それほど問題量があるわけではないので、割と短い時間で終わります。その残りの授業時間を使って「学びの地図」をつくっていきます。

「学びの地図」には、たとえば1学期であれば、その学期で学ぶ単元がすべて付箋として貼られているので、いま学び終えた単元に該当する付箋に今日の日付を書き込みます。そして、単元全体を振り返って、分かったことやできるようになったことを1～2文程度でまとめます。

教科書やノートを見返すように声をかけると、その単元での自分の学びに気付きやすくなり、文章が苦手な子供でも完結に書くことができると思います（私のクラスでは単元の学習計画なども配布しているのでそれも見返します）。

これを、すべての単元で行います（1年分を1枚の画用紙に整理）。

3 学期末に付箋を整理する

単元末ごとに日付と振り返りを書き続ければ、学期末にはすべての付箋が埋まります。しかし、これで「学びの地図」の完成ではありません。

この時点では、付箋は主に時系列（勉強した順）に並んでいます。これらの付箋を子供の意図のもとに整理する（並び替える）ことが、この実践の真骨頂です（『「お道具箱」の整理』）。

　とはいっても、ただ「整理してみましょう」と促しても、子供は何をどうすればよいか分からず混乱します。そこで、まずは全体でどのように整理するのがよいか、その方法を出し合うようにします。

「似ている勉強はまとめると分かりやすいよ」

「説明文の勉強でやっていたみたいに表に整理するといいかも」

「つながっているところは、矢印を引くのはどうかな？」

「逆向きに並べたらどうなるのかな？」

資料1

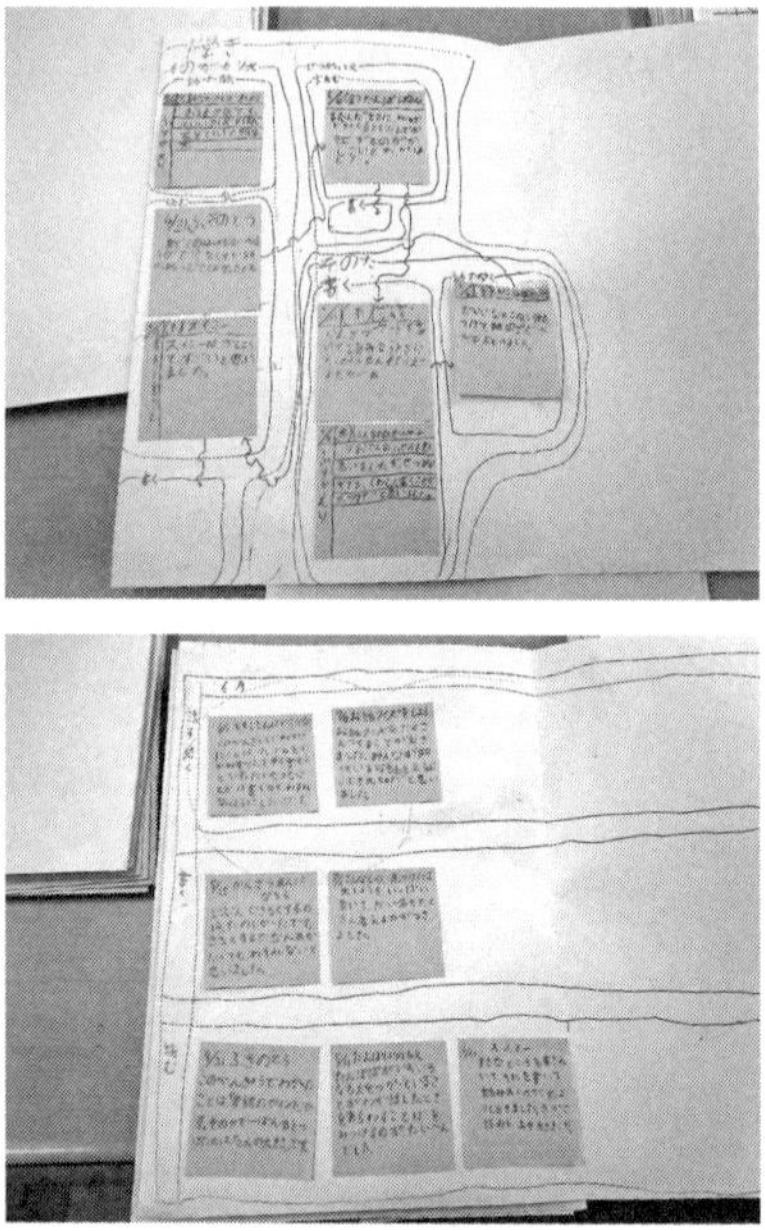

資料2

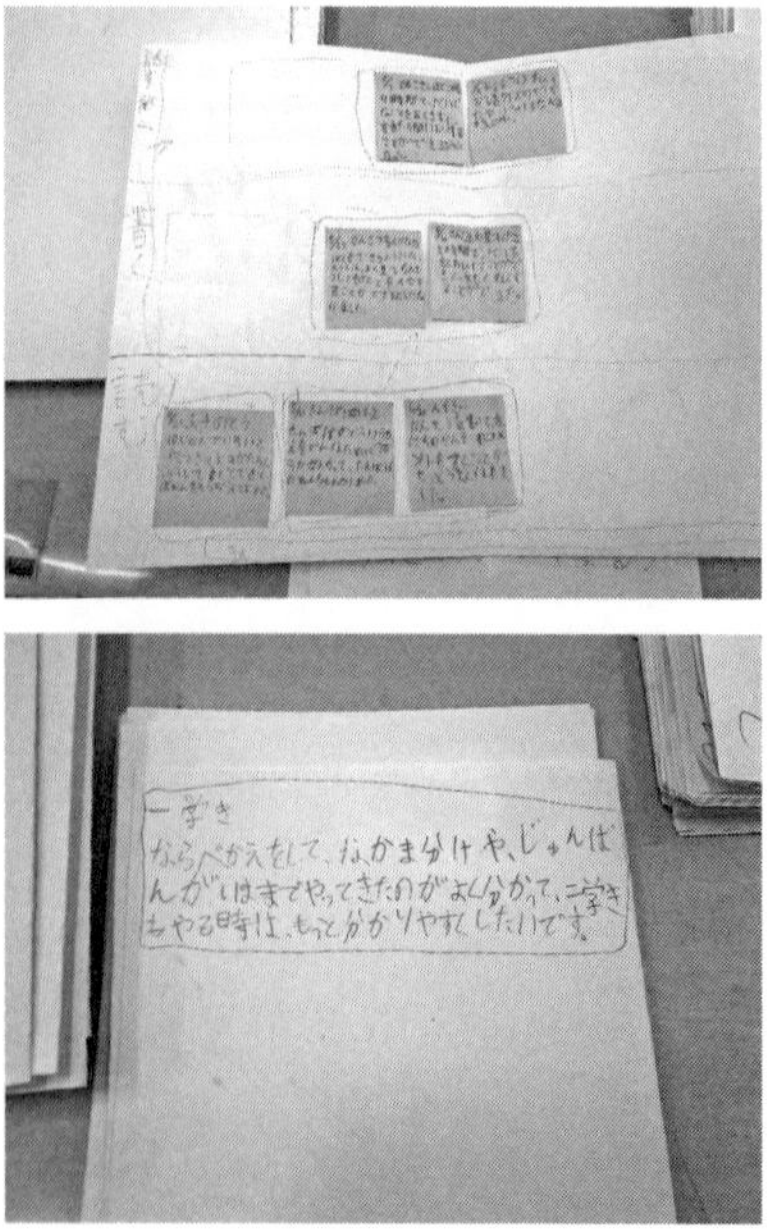

子供から出されたアイディアは、どんどん板書します。

ひととおり意見が出尽くしたら、今度はそれらのアイデアのなかから、自分がまとめてみたい方法を子供自身が選び、実際に付箋を整理していきます。子供たちは、「ああでもない」「こうでもない」と思考しながら並べ替えたり、矢印を引いたり、関連する言葉を書き足したりしていきます。

このとき、教室内を自由に動き回って友達の「学びの地図」を見てもよいことにします。正解を求めるのが目的ではなく、その子自身の「道具箱」を整理することが目的ですから、「どんどん見てみよう」と推奨します。

すると、なかなか手が動かない子供も、まずは友達の真似からスタートして自分なりに考えはじめます。また、いったんは整理し終えたと考えていた子供も、友達の「学びの地図」からインスピレーションを得て、再び付箋を動かしはじめたりします。これらはまさに、**自分がどのように思考するのか、思考の仕方を子供自身が選択し、付箋を整理することを通して自分の学びを体系化している姿**にほかなりません。

この「整理する」という工程を経て、はじめて「学びの地図」の完成です（資料1・2、2年生の例）。さらに、地図を見返しながら思い付いたことを地図の裏表紙に書くようにすれば、3学期末には、1年間自分がどのような思いや願いをもち、そこから何を学んできたのか、自分の変容に気付くことにもつながるでしょう。

この実践に取り組みはじめた当初、学期末に「学びの地図」をまとめてつくったり、テストのときごとに付箋に単元名と振り返りを書いて、学期末にまとめたりしていたのですが、いまひとつしっくりきませんでした。

そこで、この実践内容を文書にまとめ、中央教育審議会で委員を務めていらっしゃる無藤隆先生にお送りしたところ、次のコメントをいただくことができました。

＊

「学びの地図」と呼ぶ場合、これから学ぶことを含めて、その概要と筋道を示し、どこまで学び、これからどこを学ぶかを子どもが分かるようにすることを指すのだろうと思います。

振り返りについては、それを共有して、図式化などしていけば、クラスとしての学んだことの地図を描き出すとも言える気がします。

（傍点・筆者）

このコメントを読んで、私の実践は「これまで」の足跡にばかり気を取られていて、「これから」という視点が欠けていることに気付きました。すなわち、「振り返る」に焦点が当たりすぎていて、「見通す」ことに目が向いていなかったのです。

なるほど！と膝を叩いて得心した私は、「学びの地図」づくりの仕方を変えることにしました。それが、学期はじめに、当該学期に学ぶ単元名を、まだ学んでいない教科書を参照しながら子供たちに書かせることです。そうすることで、「自分たちはこれからどんな勉強をしていくのか」を子供自身が見渡せるようにしたのです。

＊

「学びの地図」という用語自体は、中央教育審議会が答申のなかで、「学習指導要領等が、学校、家庭、地域の関係者が幅広く共有し活用できる」役割を担うべく、その枠組みを改善するためのキーワードとして謳われたものです。

私がはじめてこの言葉を聞いたとき、本来的には、「子供たちが自らの学びを通じて描いていくものなのではないか」と感じました。そこで私は、「思いや願いをもとに学んだことを形にする『学びの地図』をつくろう」と子供たちに伝え続けています。

第3章

スタカリが、学びに向かう文化の土壌を耕す

1日の生活の流れをつくる

1年生をどう育てるか、それを考える際に、どうしても切り離せないのが「スタートカリキュラム」です。

「スタートカリキュラム」では、「入学当初は、幼児期の生活に近い活動と児童期の学び方を織り交ぜながら、幼児期の豊かな学びと育ちを踏まえて、児童が主体的に自己を発揮できるようにする場面を意図的につくること」を目指します（平成29年版「小学校学習指導要領解説　生活編」）。

そのため、授業においては合科的・関連的な指導や教科等横断的な学習活動を取り入れていくことになるわけですが、**最も重視されていることは、「明日も学校に来たい」という意欲をかき立て、幼児期の教育から小学校以降の教育への円滑な接続をもたらすこと**にあります。これは学習指導の効果を期待できるばかりか、よりよい学級づくりにつながります。

そのために必要となるのが、「児童の生活リズムや1日の過ごし方を大切にする指導」です。

「生活リズムや1日の過ごし方」とは、時間割や週案を「縦に見る」イメージをもつことを意味しています。

しかし、実際には、時間割表の作成を例にすると、校庭や体育館、音楽室などの特別教室を割り振られた時間に体育や音楽を入れ、残りの部分は、なるべく重なりがないよう、いわばモザイク状にはめ込むというイメージをもっていることが多いのではないでしょうか。

極論すれば、1時間目が国語科だったとしても、算数科だったとしても、2時間目と重なってさえいなければそれでよし！という案配です。このとき問題は、子供たちの現実（小学校への安心感、学習状況、家庭での生活習慣など）が考慮された生活リズムや1日の過ごし方を意識した時間割となっているかということです。

たとえば、新しい週のスタートである月曜日の朝。全校朝会を行う学校は多いでしょう。

上履きや体育着など多くの荷物を抱えて登校してきた子供たちは、朝会に間に合うように朝の支度を急《せ》かされます。その後、校庭や体育館に集まって、校長や週番の話を聞かなければなりません。ようやく終わって、教室に戻ってくると、授業がはじまる前からぐったりしている子もいます。そのため、月曜日の朝は、何となく憂鬱な気分の子供は少なくありません（教師である私たちもそうですが…）。

そのようなか、始業のチャイムと同時に、「さぁ、国語の授業をはじめるよ！ 前の時間にはどんなことを勉強したか、みんなで振り返ってみよう！」と促しても、なかなか思うようなリアクションは得られないのではないでしょうか。

土日を挟んで、朝も慌ただしく、ようやく落ち着いた直後に前時の振り返りができる子など一握りだと思います。いくら「子供は朝が一番元気」とはいっても、勉強へのやる気スイッチをオンにするには、相応の手立てが必要なゆえんです。

そこで、参考にしたいのが、園などが重視している「生活リズムや1日の過ごし方」です。

多くの園では、子供によって登園時刻がバラバラです。特に、保育所や認定こども園はそうだと思います。7時に登園している子もいれば、9時に登園してくる子もいます。そのため、7時～9時の時間帯に、子供たちが一斉に活動することはあまりないと聞きます。

子供のほうにしても、朝に強く、元気いっぱいで外遊びができる子もいれば、スロースターターで支度に時間がかかる子、静かに絵本を読むことから1日をはじめたい子など様々で、やはり一斉活動には向きません。そこで、園での1日の生活のはじまりは、自由遊びの時間となります。

全員が登園し、自由遊びが一段落つくと、朝の集まりなどを行い、出欠をとったり、その日の活動の見通しを立てたりします（様式は園によって様々）。その後、昼食までが、みんなで一斉に活動する時間です。

散歩に出かけることもあるし、みんな一緒に園庭で遊ぶこともあります。行事に向けての活動をすることもあります。保育所であれば、昼食のあとは午睡やおやつの時間です。

また、園では、朝と同様に降園時刻も子供によってバラバラです。すぐに帰る子もいれば、保護者が仕事を終えて迎えに来るまで園に残って過ごす子もいます。この時間帯になると、他のクラスの子供たちと同じ部屋で一緒に遊んだり、自分のペースで好きなことをして過ごしたりします。

このように、園では、ゆったりと1日をスタートし、いくつかの条件が揃った段階でエンジンをかけ、再びゆったりと1日を終えます。

このような園での「生活リズムや1日の過ごし方」を知ったとき、「子供の発達の特性や一人一人のよさを生かした、よく考えられたやり方だなぁ」と感じました。「これなら、1日の過ごし方にメリハリが生まれ、どの子にとっても安心してリズムよく生活することができるな」と。

そこで、園とすべて同じというわけにはいきませんが、小学校教育の枠組みに適した形で、「生活リズムや1日の過ごし方」をカリキュラムに位置付けられないものかと考えました。そうするうちに生まれたのが、4つの「〇〇タイム」と題するスタートカリキュラムです。「生活リズムや1日の過ごし方」に配慮しながら4週分の週案に組み込んでいます。

「○○タイム」をつくり、活用するに当たっては、「小学校学習指導要領解説　生活編」や「スタートカリキュラム　スタートセット」（国立教育政策研究所）、横浜市教育委員会や横浜市の小学校の取組を参考にさせてもらいました。

4つの「○○タイム」

具体的には、次の4つの「○○タイム」を設定しています。

【のんびりタイム】 思い思いの時間を過ごす自由遊びの時間
【なかよしタイム】 安心して学校生活を送るための活動の時間
【わくわくタイム】 生活科を中心として合科的・関連的に学習する時間
【ぐんぐんタイム】 教科等の学習の時間

1　のんびりタイム

登校後、朝の支度を終えた子から「のんびりタイム」のはじまりです。

お絵かきや折り紙、学級文庫や図書室での読書、友達とのおしゃべりなど、自分の好きなことをします。日によっては（あるいは学校体制によっては）、体育館や校庭で外遊びをすることもあってよいでしょう。

小学生だって、朝からエンジン全開でスタートダッシュできる子もいれば、気分が乗らない子もいます。普段なら全開ダッシュなのに、（家で叱られて）しょんぼりモードで登校してくることだってあります。その点、園児と何ら変わりません。

そんな個々の個性やテンションの違いを吸収する時間です。友達と過ごすこともできれば一人で過ごすこともできる、テキパキと支度をする子ものんびり支度する子も等しく享受できるこの時間は、新しい1日をスタートする子供たちに安心感をもたらします。

2　なかよしタイム

のんびりタイムが終了したら、次はなかよしタイムです。

私は次の流れを基本としています。

①朝の会―元気調べ、提出物や連絡帳の確認、連絡など
②歌って踊ろう
③みんなで遊ぼう―簡単なゲームなど

④お話を聞こう
⑤お話をしよう―グループ、全体

①の元気調べとは、（前著でも紹介しましたが）朝の健康観察を子供たち自身の発言によって行うものです。たとえば、次のような案配です。

「A澤祥子さん！」

「はい！元気です！」

「B村正之くん！」

「はい！ちょっと風邪気味です」

「はい！」という返事に引き続いて自分の体調を発言させます。その後は、自分の思い付いたことを何でも自由に話せる時間にしています。その日に受ける授業のことや、嬉しかったこと、楽しみにしていること、残念に思ったこと、習いごとや放課後に遊んだことなど、クラスの友達に伝えたいことを好きなように話をするところがポイントです。


なかには、こんなことを言い出す子もいます。

「今朝、フランスパンをかじったら、歯が抜けました！」

もう、みんな笑い転げて「おめでとう！」と拍手を送りました（抜けたのは、もちろん乳歯です）。

のんびりタイムでは、個々別々に活動することで安心感を醸成しますが、なかよしタイムのはじめの元気調べでは、子供自身がみんなに向かって話をすることを通して、少しずつみんなと一緒に何かをする、という雰囲気を醸成します。

そして、元気調べの後は歌を歌ったり、体を動かしたり、友達と関わりながら簡単なゲームをします。

このとき、「前は、どんな歌を歌ってた?」「どんなゲームが楽しかった?」などと、園での経験を子供たちに尋ねながら、適宜採用すると子供たちはとても喜びます。自分が歌ってきた歌をほかの友達が歌ってくれたり、自分が楽しいと思っていたゲームを、今度は新しい友達と一緒にできるわけですから、もうノリノリ。しかも、「園で自分がやってきたことは、小学校でも使えるんだ」という安心感や自信にもつながります。

ひとしきり盛り上がったあとは、読み聞かせを行ってクールダウン。しっとりとした空気が流れたら、最後はお話タイムです。その日のテーマに沿って、グループや全体でお話をする時間にします。

ここまでの活動で、どの子も安心感をもつことから1日をスタートし、「みんなと一緒に勉強するぞ」という機運が生まれます。始業のチャイムが鳴り、「さぁ、次の授業をはじめるよ!　日直さん、挨拶をお願いします」と声をかければ、子供たちはみな、生き生き、溌剌とした表情で、新しい学びに向かってくれるようになります。

資料1

【通常の時間割】	【スタカリの場合】
8：15～8：30　登校～朝の支度 8：30～8：50　朝の会など 8：50～9：35　1時間目 9：40～10：25　2時間目	8：15～8：40 前後　登校～朝の支度～のんびりタイム（支度の様子などによる） 8：40～基本的には9：35　なかよしタイム（入学直後は流動的） 9：40～10：25　2時間目

「のんびりタイム」「なかよしタイム」の本校での時間運用は、次のとおりでした。

登校後、8時15分には教室に入り、支度を終えた子から「のんびりタイム」スタート。8時25分にチャイムが鳴るので他学年は朝の会になりますが、1年生の4月はチャイムと関係なく生活が進むので、全員が支度を終えて何となくみんなが落ち着いたら「なかよしタイム」のスタートという流れとなります。

入学当初は「のんびりタイム」を長く設定しておき、子供たちが学校生活に慣れていくにつれて次第に短くしていきます。

その関係で、「なかよしタイム」はなりゆきに任せてはじまり、通常時間の1時間目の終わりを目安に終了となります（資料1）。

なお、本校では、4月の1時間目を「なかよしタイム」として計上していて、学習指導要領に定める教科等の時数にはカウントしない授業時間としています。

＊

3　わくわくタイム

入学したての子供たちにとって小学校は、それ自体が謎の宝庫です。迷路のような建物、モクモクと湯気が立ちのぼる給食調理室、いろいろな楽器が置いてある音楽室、何に使うのかさっぱり分からない実験器具など、どれもこれまで見たことがないものばかりで、興味津々。

「あの人は、なんで白い服を着ているんだろう」「このコップみたいなものは何に使うのかな」と疑問やその謎を解き明かしたいという思いや願いをもちます。そうした謎の解明に向けて、見通しを立てたり振り返ったりしながら、活動を創り出していくのが「わくわくタイム」です。

その活動の軸となるのが生活科の単元「学校探検」です。「えー！」「すごい！」といった「びっくり」や、「えっ？」「どうして？」「これはなんだろう？」といった「はてな」を出し合いながら、一つ一つ確かめたり、疑問を解決していきます。そのうちに、「あの人は何をしている人なのかな」「校長先生ってどんな人なんだろう」「話をしたら、仲よくなれるかな」と、物や事から、次第に学校で働いている人々に目が向いていきます。

そうした子供たちの心の変化を見取って、自分が見聞きしたことを「かきたい」「つくりたい」「伝えたい」という気持ちにもっていくのが教師の発問や声かけです。

「Aくんが会った人はどんな人？　みんなに教えてあげて」

「ノートに書いておきたいの？　いいね、それ！」

「みんなが見付けたもの、おもしろいね。絵にしてみようか」

すると、子供たちからこんな声があがります。

「ノートに書くなんて、国語みたいだね」

「絵をかくなんて図工っぽい」

こうした発言を引き取って、「じゃあ、わくわくタイムと国語（図工）を合体させちゃおう」と口にしながら取り組んでいるうちに、「教科って合体させていいんだ」といった意識が子供たちに芽生えます。

このような教師の働きかけによって、国語の時間に文字や文の書き方を学習する、図工の時間に絵にする、生活科の時間に伝え合う、こうした一つ一つの学習が連動し合い、子供たちにとって必然性のある学びとなるのです。これこそがまさに合科的・関連的な指導です。

4　ぐんぐんタイム

ぐんぐんタイムは教科等を学習する時間です。とはいっても、そこはスタカリ版教科の授業。たとえば、ひらがなの学習でも、ひとひねりします。

みんな大好き、身振り手振りで大合唱となること請け合い「やおやのおみせ」。この手遊び歌をアレンジしてひらがなの学習に結び付けます。

具体的には、替え歌にして「ひらがな屋のお店」とします。そして、たとえば「し」について学ぶときには、歌にのせて「し」のつく言葉を順番に発言していく活動です。

「♪ひらがな屋のお店に並んだ品物見てごらん♪」

替え歌スタート。「し」の付く言葉を思い付いた子は、挙手をします。

「♪よく見てごらん　考えてごらん♪」と歌いながら、挙手している子の一人におもちゃのマイクを手渡します。

その子が、リズムに乗せて「♪しまうま♪」と歌ったら、みんなで「♪しまうま♪」と輪唱します。

このやりとりを2回行ったら、「♪アーー♪」と4拍歌って、またはじめに戻ります。このとき子供たちは、裏拍で手拍子もしています。

とかく退屈になりがちなひらがなの学習に、芸術的なおもしろさを取り入れることで活性化する、それがこの活動の真骨頂です（元ネタをつくった横浜の賽來生志子先生はすごい！）。

身体性・活動性・交流性を大切にした、体を動かしながら友達と関わって学ぶ活動は、1年生の発達の特性とも合っていて、思考が活性化します。限られた時間に言葉を思い描くひらめきや創造性が磨かれるし、音楽に言葉を乗せると歌になるという音楽的センスも培われるという側面もあります。

何より楽しく学べます。楽しければ、子供たちの能力はぐんぐん伸びていきます。

入学前のことは、子供に聞くのが手っ取り早い！

近年、様々な地域でスタートカリキュラムの研修会が行われるようになってきました。みなさんとても熱心で、「幼児期の終わりまでに育ってほしい姿」についてプレゼンしたり、遊びや生活を楽しむ様子が分かる写真を見ながら、その具体の姿を読み取るシンポジウムを開催したり…。

しかし、パワーポイントの資料や子供たちの活動写真では、「スタカリってこういうことかな…」と何となく分かったような気にはなるのですが、「実際のところはどうなんだろう」とモヤモヤが残ることもしばしば。

園と小学校…やはり学校段階が異なれば、そこでの学びがどのようなものなのか、リアルなイメージをもつのは容易ではありません。園などに行って、園児たちの様子を直接見ることができればよいのでしょうけど、そうした機会をつくることはなかなかむずかしいものです。

「1年生は、『ゼロからのスタートじゃない！』」

この言葉は、「スタートカリキュラム　スタートブック」で示されたものです。この見出しが目にとまったとき、私はふと「ゼロではないことを一番よく知っているのは、実は子供たち自身なんじゃないか」と思いました。

「それなら、いっそ彼らに直接聞いてみればいいんじゃないか」と思い立ち、私が知りたいこと、よく分からないことがあると、実際に尋ねてみるようになったのです。

1　友達と意見が分かれちゃったら、みんなならどうする？

入学して3日目。この日は、「朝の元気調べ」での話をきっかけに今日の学校探検でどこに行こうかという話題になりました。子供たちからは、校庭、屋上、図書室、音楽室の4つが候補に挙がります。

「意見が分かれちゃったね。さて、どうしよっか」と私は切り出します。「こういうとき、みんなは、幼稚園や保育園のときにどうしていたの？」

すると、子供たちからどんどん意見が出されます。

「じゃんけん！」

「あみだくじをやったよ！」

「行きたい人が多いほう」（多数決）

「行きたいところで分ければいい」（希望によりグループをつくる）

「今日行けないところは来週行く」

こうした発言を引き取って、再び尋ねます。

「ふむふむ。じゃあ、今日はどうやって決めたらいいと思う？」

話し合った結果、挙手して多数決を行い、1つを決めて、残りは来週にすることになりました。一番手が上がったのは校庭です。そこで、この日の「わくわくタイム」は校庭に行って遊ぶことになりました。

「どこに行きたいか」を考えるだけでなく、意見が割れたときには「どうやって決めるのか」「合意形成をどう図るのか」を、**自分たちの経験を活用して、子供たち自身が決めることの教育効果は計り知れない**ものがあります。

ひとつには、校庭で遊ぶことに、彼らの納得と活動の必然性が生まれるからですが、他方、特に中学年以降の社会科や総合的な学習の時間がはじまったとき、学習問題解決のプロセス、探究のプロセスを設計する学習計画を、子供たちと共につくれるようになる素地を培うからです。

2 これまでの経験と重ね合わせることで生まれる新たな気付き

入学して2週目、私の学校では、はじめての避難訓練があります。そこで、早速子供たちに尋ねます。

「避難訓練って、幼稚園や保育園のときにもあった？」

どの子もうなずきます。すべての園で経験しているようでした。そこで、次のように発問を変えます。

「小学校では、はじめての避難訓練だよね。何か心配なことや知りたいことってある？」

すると、次の6つの「はてな」が生まれました。

①どこに逃げるの？
②忘れ物はどうするの？
③靴は？
④防災頭巾は？

⑤出口や逃げる途中が燃えていたら？
⑥机の下のもぐり方は？

そこで、これらの「はてな」を解決しようと促し、話し合い活動を行いました。子供たちは、園で経験したことを思い返し、比較することによって小学校との違いをイメージし、彼らなりの解決策を出し合おうとしていました。そして、このときの最大の収穫は、たとえ園と小学校とで多少やり方は違っても、「避難訓練で大切なことは変わらない」という気付きが生まれたことです。

①どこに逃げるの？↓お庭や園庭に逃げていたから、校庭に逃げる。でも、走らない。
②忘れ物はどうするの？↓「おかしも」の「も」。戻らない。命が大切。
③靴は？↓上履きのまま。時間がないから。
④防災頭巾は？↓頭にかぶるけれど、今日は1回目だから特別にしない。
⑤出口や逃げる途中が燃えていたら？↓そうならないように、スピーカーや先生の話をよく聞かないといけない。
⑥机の下のもぐり方は？↓ダンゴムシみたいにする。机の脚をもつ。

避難訓練当日はあいにくの雨。廊下までの避難でしたが、放送を聞いて素早く並び、私が人数を確認したら座る。彼らの姿は真剣で自信満々でした。

3　生活科の学習は、やっぱり子供の「思いや願い」が出発点

6月、生活科では夏の遊びの単元があります。水や砂を使った遊びが中心です。教室では自分たちが気付いたことを振り返ったり、対話を繰り返しながら再び砂場へ出ていって遊び込んでいきます。そして、迎えた4回目の遊びの時間、ちょうど校内の研究授業と重なりました。

これまで子供と共に積み重ねてきた実践だけに、完璧にはほど遠いにしても、自分なりに工夫して挑んだ授業でしたから自信はありました。

しかし、授業後の協議会で、講師から次の指摘を受けることになります。

「子供たちは、園のときに、もっとダ、イ、ナ、ミ、ッ、ク、に活動していたのではないですか？」

正直ショックで、これはもう子供たちに直接聞いてみるしかないと考え、翌日の朝の会を迎えました。

「きのう、みんなで泥遊びをやったよね。あのさ…正直どうなのかな…。幼稚園や保育園のときと比べて同じことや違うこと、もっとこうしたいとかってある？」

すると、出る出る、どんなふうに取り組んでいたのかが分かりました。

「前は、一日中、やりたいだけやってた」

「水着を着て、全身泥だらけになってやってた。だから、家から着替えをもってきてた」

「おすもうレベルだった！」（ん？ 水着ってこと？）

「小学校よりも、すごい道具がいっぱいあったよ」

「そうそう、スコップもバケツも、もっとずっと大きかった」

「家にある道具をもっともってきていた」

「工事とかで使うトロッコ（手押し一輪車？）で水を運んでいたよ」

それはもう楽しそうに話してくれます。ただ、こうした意見の一方で、次のような発言も見られました。

「幼稚園のときは、水は使っていなかった」

「園庭が小さくて、あまり砂遊びをやっていなかった」

そこで、子供たちがしてくれた発言を4つに分類し、自分たちはどれに当てはまるかを尋ねて、名前のマグネットを黒板に貼ってもらいました。すると、次のとおりです（このクラスは、20以上の園から入学）。

①「幼稚園や保育園のときのほうがもっとすごかった！」９名

②「水は使っていなかった！」６名
③「園庭が小さかった！」７名
④「あんまりやったことがなかった！」９名

こうしたことが判明した途端、昨日のショックがどこかに吹き飛んでいました。

本当のところ、子供たちがどんな思いをもちながら泥遊びに取り組んでいたのか、全く分かっていないまま授業していたことに気付かされたからです。…もう自分が恥ずかしくて、猛省するよりありません。

そこで、とにかくも頭を切り換えて、①の意見を聞いてどう思ったか、②〜④の子供たちに改めて尋ねてみました。

「わたしが行っていたのは小さい保育園だったから、たくさんの友達とやったことがない。着替えをもってきて、もっともっとやってみたい！」

「ぼくも、広くやったことがなかったから、町を全部つくってみたい！」

①の子供たちのような経験をもたない子供たちからも、「今度は、みんなですごい泥遊びがしたい」そんな思いが次々と発言となって表れました。こうして話し合いを続けていくうちに、次の活動のめあてを子供と一緒につくることができたのです。

〈次の時間のめあて〉「３じかんで、みんなでまちをぜんぶつくろう！」

「1年生は『ゼロからのスタートじゃない！』」

＊

改めてこの言葉の意味するところを考えると、ただ単に、園と小学校における教育を円滑に接続するということ以上の意味が背後に隠されているように思います。それは、たとえ1年生であっても、およそ生まれてから6年もの間、一生懸命に生きてきた一人の立派な人間なんだということ。そうした彼らの思いや経験を尊重せずして、いい実践はできないのだと私は気付かされました。

そう思えれば、彼らに対する教育的な興味がもっともっと湧いてきます。「もっと知りたい」「もっと知ってほしい」そんな思いをもって、教師である私自身が心を開き、子供たちが教えてくれたことを材料にして授業をデザインする、その大切さとおもしろさを感じるようになったのです。

ただし、「とにかく子供に聞くのが手っ取り早い」とばかりに、何の指導意図もないまま、闇雲に尋ねてばかりでは、「なんだ、先生、わたしたちに聞いてばっかりで、頼りないな」などと受け止められるようになるでしょう。もしそうなれば、自分よりも教師を低く見なすようになって、いずれ教師の足元を見るようになるかもしれません。

だからこそ、「なんのために尋ねるのか」その意図が教師側の姿勢として子供たちに伝えることがとても大切です。「先生はわたしたちのことをちゃんと知りたいと思ってくれている」「それはわたしたちのためなんだ」そう理解してくれるようになれば、学級の雰囲気はいっそう温かくなります。

スタカリの3要素

私たちが本校で取り組んでいる「スタートカリキュラムデザイン」は、次の3つの要素から構成されています。

【目的―何のために】 全体のイメージと考え方
【内容―何を】 単元配列表
【方法―どのように】 週案作成のためのスタンダード

この3つの要素が一体となった実践になってはじめて、意図的で計画的、組織的で持続的なスタートカリキュラムとなります。

私たちはこの考え方を、学力の3要素になぞらえて、スタカリの3要素と呼んでいます。

資料2　平成30年度松仙スタートカリキュラム・デザイン

<松仙スタートカリキュラムの全体像>

①全体のイメージと考え方（何のために）
②単元配列表（何を）
③週案作成のためのスタンダード（どのように）

①全体のイメージと考え方

◎基本的な考え方
・一人一人の子供の成長の姿からデザインする。
・子供の発達の特性を踏まえ、時間割や学習活動を工夫する。
・生活科を中心とした合科的・関連的な指導の充実を図る。
・安心して自ら学びを広げる学習環境を整える。

◎育てたい子供の姿
・安心して自己発揮する子供
・他者との関わりを楽しみ、それを広げようとする子供
・自分の思いや願いをもち、夢中になって学ぶ子供

◎「幼児期の終わりまでに育ってほしい姿」の活用
・「幼児期の終わりまでに育ってほしい姿」が存分に発揮できるように指導を工夫する。
・「幼児期の終わりまでに育ってほしい姿」を視点として、一人一人の子供やクラス・学年の様子をみとる。

◎松仙スタートカリキュラムの２本柱（学習指導要領上の根拠）
・生活科を中心とした合科的・関連的な指導
・弾力的な時間割の設定

◎遊びや生活、学習の４類型
<のんびりタイム>思い思いの時間を過ごす自由遊びの時間
<なかよしタイム>安心して学校生活を送るための活動の時間
<わくわくタイム>生活科を中心として合科的・関連的に学習する時間
<ぐんぐんタイム>教科等の学習の時間

1　全体のイメージと考え方

松仙スタートカリキュラムでは、次の4つから構成されます（資料2）。

①基本的な考え方
②育てたい子供の姿
③「幼児期の終わりまでに育ってほしい姿」の活用
④松仙スタートカリキュラムの2本柱
⑤遊びや生活、学習の4類型

ここでもっとも大切にしていることは、「育てたい子供の姿」です。

幼小間の接続やスタカリの大切さが言われるようになる前の私たち教師は、「黙って話をしっかりと聞く」「背筋をピンと伸ばして手を膝の上に置く」この

ような所作を身に付けた子供が、1年生として望ましい姿だと捉えることが多かったように思います。

このこと自体が誤りなわけではありませんが、形のみにこだわってしまうと、幼児期に育まれた学びや育ちが小学校教育において十分に発揮されません。文字どおりゼロからのスタートになってしまうでしょう。

そこで、私たちは、次の3つの育てたい子供の姿を設定しました。

①安心して自己発揮する子供
②他者との関わりを楽しみ、それを広げようとする子供
③自分の思いや願いをもち、夢中になって学ぶ子供

このような姿を1学年だけでなく、学校全体で共有します。そうすることで、2学年以上のクラスを担任する教師も含め、チーム学校として1年生の教育を充実していく下ごしらえとなります。

2　単元配列表

すべての学校で策定する「年間指導計画」。これは、各教科の教科書に付属している

年間指導計画を一覧にしたものが多く、「教師が、いつ、何を教えればよいかを確認するための一覧」という位置付けです。

一方、近年「単元配列表」が注目を集めるようになってきました。その後押しになったのが、新しい学習指導要領総則に定められた「カリキュラム・マネジメント」です。このカリマネには、3つの側面があり、その1つめが次の事柄になります。

【カリキュラム・デザイン】 各教科等の教育内容を相互の関係で捉え、学校教育目標を踏まえた教科等横断的な視点で、その目標の達成に必要な教育の内容を組織的に配列していくこと。

また、新しい『小学校学習指導要領解説　生活編』（56頁）では、次のように説明しています。

一人の児童の学びは、個別の教科内で閉じるものではなく、それぞれの学びが相互に関連付き、つながり合っている。生活科と他教科等において、学んだことがどのように関連付いていくのかを意識し、児童の思いや願いを生かした学習活動を展開するために、1年間の全ての単元を配列し、それを俯瞰することができる単元配列表の作成が効果的である。

このように、これからのカリキュラムは、いかに教育内容を組織的に配列して実践につなげていくかが重要な鍵を握ります。ここでいう「単元配列表」とは、「合科的・関連的な指導」を可視化するものでもあります。

そして、**年間指導計画が教師側の仕事の段取りであるのに対し、単元配列表は子供側の学びの段取りだと言い換えることができる**でしょう。いかにして有機的に豊かな学びをつくりだしていくか、その結果どのような資質・能力を育んでいくのかを見える化することを目的として、教科間のつながり、単元間のつながりをつくっていきます（資料3）。

スタートカリキュラムも、この単元配列表と無縁ではありません。むしろ、生活科がその中心的な役割を担うことになります。

たとえば、学校探検などの大単元を中心に据え、国語や音楽、図工などの親和性の高い教科を近くに書き込みます。そして、指導の順序や時間数を照らし合わせながら教科書の単元に注目していくと、生活科と合科的・関連的に指導できそうな教科の単元を見付けることができます。ただ、そのままではつなげることができないので、子供たちの学習状況を念頭に、指導の順序を入れ替えながら調整していきます。

このように作成する単元配列表は、生活科のみならず、総合的な学習の時間を軸とすることもできるし、国語や道徳を軸とすることもできます。やはり重要なのは、何よりもまず「育てたい子供の姿」を明らかにし、その姿の実現のために、どの教科を軸とするか、どのようにつなげていくのかを試行錯誤することだと思います。

まだ一般には馴染みの薄い単元配列表ですが、新学習指導要領が全面実施される2020年には、すべての学校で作成することになるのだろうと思います。

3 週案作成のためのスタンダード

週案は、教師が毎日授業をする上での拠りどころです。しかし、先々の子供の学びを、その場の思い付きだけを頼りに作成するのは、なかなか難儀です。ここでも役立てたいのが単元配列表です。

実は、単元配列表をしっかりつくっておくと、週案を作成しやすくなります。すでにある表の特定の週を輪切りにして見ればよいわけですから、その週での授業が全体のうちのどのような位置付けになるのかが一目瞭然です。少なくとも、その場しのぎの週案にならずに済みます。

スタートカリキュラムを充実するうえでも、週案は大き

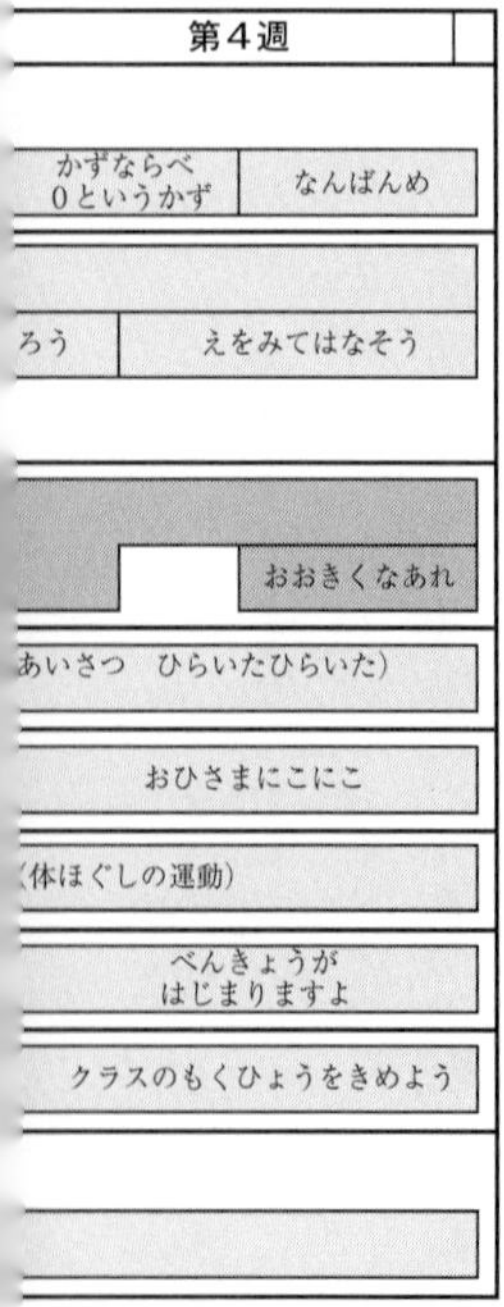

資料３　単元配列表（平成30年度）

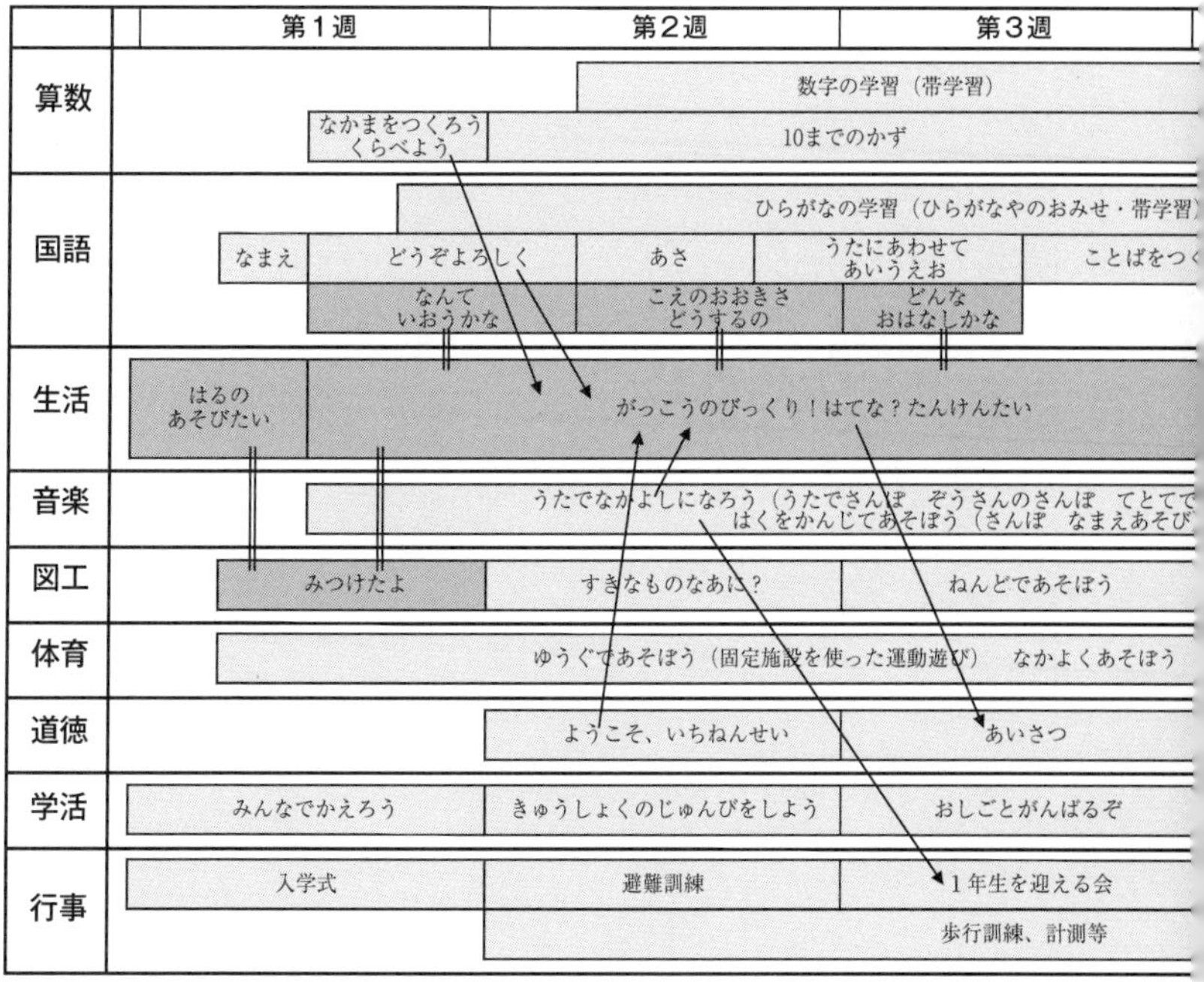

な力になります。どの教師でも明日から実践できるレシピとなるからです。ただし、せっかくのレシピも、「こうすればいいんだ」とばかりに、杓子定規に捉えてしまえば、その教育効果は半減します。

そこで、私たちは、1時間の学習活動を簡潔に（あえて言えば不親切に）まとめ、「週案作成のためのスタンダード」と称しています。こうすることにより、実践の多様性や創造性を保障できるだけでなく、翌日の学習活動を学年でしっかりと検討する余地をつくることができます。

	第11日		第12日		第13日		第14日		第15日	
朝			朝の支度 <のんびりタイム>							
1	行 行 行	1年生を迎える会	<なかよしタイム> ①朝の会（元気調べ、提出物や連絡帳の確認、連絡など） ②歌って踊ろう ③みんなで遊ぼう（簡単なゲームなど） ④お話を聞こう ⑤お話をしよう（グループ、全体）							
2	国 国 国	<なかよしタイム> ・朝の会 ・1年生を迎える会の感想を伝え合う。	生 生 生	<わくわくタイム> ・学校のびっくりはてな ・学校探検 ・見て見て聞いて	体 体 体	<ぐんぐんタイム> ・遊具で遊ぼう ・なかよく遊ぼう	生 国 国	<わくわくタイム> ・学校のびっくりはてな ・学校探検 ・声の大きさどうするの	行 行 行	<ぐんぐんタイム> ・通学路を歩こう（歩行訓練）
3	生 生 生	<わくわくタイム> ・学校のびっくりはてな ・学校探検 ・見て見て聞いて	算 算 算	<ぐんぐんタイム> ・なかまづくりとかず ・数字の学習	音 音 音	<ぐんぐんタイム> ・歌で仲良しになろう	図 図 図	<ぐんぐんタイム> ・粘土で遊ぼう	国 国 国	<ぐんぐんタイム> ・言葉を作ろう ・ひらがなの学習
4	国 国 国	<ぐんぐんタイム> ・歌に合わせてあいうえお ・ひらがなの学習	国 国 国	<ぐんぐんタイム> ・歌に合わせてあいうえお ・ひらがなの学習	道 道 道	<ぐんぐんタイム> ・あいさつ	図 図 図		算 算 算	<ぐんぐんタイム> ・なかまづくりとかず ・数字の学習
昼	給食指導　下校指導									

このスタカリ用の週案には、２つの特徴があります。

1つは、横軸に着目して見渡すと「○○タイム」の配列がひとめで分かることです（資料4）。

「なかよしタイム」はピンク（資料中は濃いグレー）、ぐんぐんタイムはブルー（資料中は薄いグレー）にしているので、右へ行くごとに（時期の経過とともに）ピンクが減り、ブルーが増えていきます。つまり、遊びの時間が減っていき、学習の時間が次第に増えていく、遊びから学びへの弾力的な移行状況が見て取れます。

新しい学習指導要領（第5節　生活）においても、次のように定めています。

資料４　週案作成のためのスタンダード（左：第１週／右第３週）

	第1日		第2日		第3日		第4日		第5日	
朝			朝の支度 ＜のんびりタイム＞							
1			＜なかよしタイム＞ ①朝の会（元気調べ、提出物や連絡帳の確認、連絡など）②歌って踊ろう ③みんなで遊ぼう（簡単なゲームなど）④お話を聞こう　⑤お話をしよう（グループ、全体）							
2		＜なかよしタイム＞ ・手遊び、歌 ・入学式の事前指導	国 国 国	＜なかよしタイム＞ ・自己紹介をしよう ・テーマを決めて、グループでお話をしよう	国 国 国	＜なかよしタイム＞ ・自己紹介をしよう ・テーマを決めて、グループでお話をしよう	国 国 国	＜わくわくタイム＞ ・友達いっぱい大作戦 ・どうぞよろしく （名刺作りなど）	国 国 国	＜わくわくタイム＞ ・友達いっぱい大作戦 ・どうぞよろしく （名刺作りなど）
3	行 行 行	入学式	生 生 生	＜わくわくタイム＞ ・春の遊び隊 （桜と一緒に記念写真など）	生 生 生	＜わくわくタイム＞ ・友達いっぱい大作戦 ・給食のびっくりはてな ・栄養士さんと出会う。 ・給食の準備や片付け、食べるルールなどを話し合う。 ・給食準備	生 生 生	＜わくわくタイム＞ ・春の遊び隊	体 体 体	＜ぐんぐんタイム＞ ・遊具で遊ぼう ・なかよく遊ぼう
4		＜なかよしタイム＞ ・手遊び、歌 ・入学式の事後指導 ・自己紹介		下校指導	国 国 学		国 国 学	＜ぐんぐんタイム＞ ・初めて書いた名前 ・給食準備	算 算 学	＜ぐんぐんタイム＞ ・なかまづくりとかず ・給食準備
昼					給食指導　下校指導					

特に、小学校入学当初においては、幼児期における遊びを通した総合的な学びから他教科等における学習に円滑に移行し、主体的に自己を発揮しながら、より自覚的な学びに向かうことが可能となるようにすること。その際、生活科を中心とした合科的・関連的な指導や、弾力的な時間割の設定を行うなどの工夫をすること。

（傍点・筆者）

もう1つは、縦軸に着目して見渡すと、子供たちの1日の「生活リズムや1日の過ごし方」がひとめで分かることです。

朝はのんびりと自分のペースで過ごし、なかよしタイムで声を出したり友達と関わったりして安心感や友達関係をつくる、「わくわくタイム」で学校を探検して見付けたことを絵や言葉で表現し、ぐんぐんタイムの国語や算数につなげていく、こうした流れを見て取れます。

このように、単元配列表や週案を活用して、ひとめで分かるスタートカリキュラムをデザインすることによって、子供たちが学校生活の楽しさを知り、安心できる環境のなかで、気付かぬうちに、しかも無理なく遊びから学びへと移行していけるカリキュラムとなるのです。

スタカリ魂は1年間

私たちの学校では、ゴールデンウィーク明けあたりを節目として、自然の流れで通常の時間割にシフトします。しかし、だからといって、スタートカリキュラムは5月で突然終了、ということではありません。

スタカリの魂は、1年間を通じて燃やし続けます。それは、すなわち、「この目の前にいる子供たちは、ゼロからのスタートじゃない」という肯定的な1年生観をもって個々の教育活動に当たるということです。

ですから、時間割からは「○○タイム」の文字はなくなりますが、子供の学習状況や生活状況に応じて、教科の授業、朝の会や帰りの会などで、「のんびりタイム」でやっていたこと、「なかよしタイム」で大切にしていたことを臨機応変に取り入れます。そうすることで、時間割が切り替わる時期を境にした「小1内プロブレム」を抑止します。

本節では、①教師の問いかけ、②生活リズムや1日の過ごし方、③環境構成の側面から、年間を通したスタカリ魂の具現化について紹介していきます。

1 教師の問いかけ

前節とも重なりますが、「保育園や幼稚園ではどうやっていたの？」と園などでの経験を引き出す問いかけを活用します。

たとえばプール開き、体育の授業で水遊びの学習がはじまります。この直前、「保育園や幼稚園でのプールは、どういうふうにやっていたの？」と水を向けると、どの子供たちも自信満々で自分の経験を語りはじめます。

「僕の保育園ではね、着替えのときにはね…」

「わたしたちがプールに入ったら…」

「ぼくの幼稚園では、プールが終わって着替えたあとは…」

などなど。

そこで、さらに踏み込んで聞いてみます。「保育園や幼稚園の先生が、『やっちゃいけないよ』と言ってたことはある？」

「プールサイドでは走っちゃいけないんだよって言ってた」
「水には飛び込まない」

おやおや、これならわざわざ教師が口を酸っぱくして「走るな」「飛び込むな」と、安全について口やかましく言わなくともよいですよね。むしろ、「プールでは…」と教師のほうからあれこれ言えば、（黙って聞いているように見えても）内心「そんなこと、知ってるよ」と思ってしまい、指導効果が得られない（注意されたことを聞き流してしまい、かえってやってしまう）ことだってあるかもしれません。

また、なかには小学校のプールへの期待感や不安感を口にする子もいるでしょう。こうした子供たちの経験、すでに習得していること（知識及び技能）、期待感や不安感といった思いや願いを出発点として、教師と子供、あるいは子供同士で対話を重ねれば、（教師の意図のもとにですが）自分たちで目標を立て、不安感を解消し、学習活動へのワクワク感をよりいっそう膨らませることでしょう。

こうしたやりとりが、学びへの自信を深めさせることにつながるし、私たち教師が目指す教科目標実現への近道となるのです。

2 生活リズムや1日の過ごし方

スタートカリキュラムから通常の時間割への切り換え時期には、よくこんなことを思っていました。

「スタカリが終わった途端に、朝学習でひらがなや数字を教えることに切り換えるのも何だかなあ…」

そこで、通常の時間割のなかでも「なかよしタイム」の要素を取り入れることはできないものかと考えるようになりました。

私の学校の朝の会は、20～25分ほどのロングレンジだったことと、何をやるかは各クラスに任されていたので、「朝歌」「朝遊び」「朝勉」という活動を設定し、それを担う係をつくってみることにしました。

朝歌係は、毎週月曜日の朝の会のときにみんなで歌う曲を選びます。季節に合った歌や音楽の授業で習ったばかりの歌など、なかなかの選曲です。月曜日の朝の憂鬱を吹き飛ばす活動となります。

朝遊び係は、10分間程度でできる簡単な室内遊びを考えます。「なんでもバスケット」のような定番の遊びもあれば、なぞなぞやクイズをすることもあります。

朝勉係は、時間を区切って楽しく学べる活動を考えます。先に紹介した「ひらがな屋のお店」は、朝勉の時間を使って年中行っていました。このような活動は、「なかよしタイム」と通常の時間割との橋渡しとなります。

とはいえ、なにも奇をてらったり、新しいことをしなきゃいけないなどとむずかしく考える必要はありません。手遊び歌をみんなで歌ったり簡単なゲームをするといったことは、これまでもずっと行われてきたことです。それを、スタートカリキュラムという文脈のなかに位置付け直すということです。このことは、子供たちが学びに向かっていける「生活リズムや1日の過ごし方」を大切にすることでもあります。

また、「生活リズムや1日の過ごし方」という点では、朝の会はもとより、何時間目に、どの教科のどのような活動をもってくるかということも重要です。

教師の意図として、「みんなで深く話し合う活動」を行うのであれば、授業のスタートである1時間目は適さないことが分かります。むしろ、身体を動かしたり、友達と楽しくやりとりをしたり、みんなが声を出したりする活動を意図的に取り入れられる教科をもってくるといいという考え方です。

5時間目であれば、給食を食べ、昼休みに遊び、半ばへとへとですから、クールダウンできるような教科をもってくるほうが、効果の高い学習活動になるでしょう。こうしたことが、（科学的に立証された事柄ではないですが）1年生の子供たちのバイオリズムと学びが、いい案配で連動すると思います。

3　環境構成の視点と工夫

「スタートカリキュラム　スタートブック」では、次の6つの環境構成の視点を挙げています。

①自分でできる
②目で見て分かる
③友達ができる
④集中できる
⑤学びのきっかけをつくる
⑥笑顔で支える

この6つの視点のもとに環境構成を工夫することが、スタートカリキュラムの魂を具現化することにつながります。この点では、生活科はぴったりの教科です。

5月から6月にかけて、アサガオはぐんぐん伸び、蔓やつぼみが出てきます。こうした自然事象への子供たちの気付きは、「比べる」という思考スキルを駆使することで生まれます。そうした気付きをもとにして、言葉にしたり、絵に表したり、写真を撮って模造紙に貼り付けて掲示したりすることで、その気付きの質が高まっていきます。

「先生！ハートの葉っぱは2枚しか出なかったのに、ふさふさのとがった葉っぱばかり増えていくよ」

「つぼみは、ぐるぐるってなっていて、ステッキみたいだけど、花が咲いたあとのつぼみに似ているものは、傘を閉じた形みたいになっているよ」

このような子供たちの発言は、体験と言葉がつながることによって生まれます。すなわち、学びの足跡があってこその気付きだということです。種をまいても芽が出るかは分からない、それでも芽吹くことを信じて種を蒔き育てる、こうした目に見える取組の一つが、「⑤学びのきっかけをつくる」掲示物なのです。

「目で見て分かる」ことの大切さは、生活科に限ったことではありません。1日を通した予定だけではなく、明日は何をするのかについても分かるようにしておくと、子供たちに安心感と次の学習への見通しをもたせることにつながります。

休み時間にやりたいことが見付からない子供がいれば、どんな遊びがおもしろいかイラストにして掲示しておけば遊びの見通しがもてるようになるし、算数科で学ぶ時計の時刻を読み取る学習にしても、当該単元や算数科のみならず、他教科等の時間でも、教師用の大型時計などを使い、長針を動かしながら「この針がここまで動くまでの間（5分間）、隣の友達と話し合おう」と指示すれば、教科等を横断した学習内容の定着にもつながります。

見通しのもてる生活、見通しのもてる学習は、（何がどれだけできるかとを問わず）否が応にも子供の学習意欲を高めます。

スタートカリキュラムの時間割は5月を節目に終わっても、その魂は1年間続く。それが、学びに向かって突き進む1年生を育てる鍵を握るのです。

第4章
1年生の「深い学び」の姿

アクティブ・ラーニングの連続的な幅

1　1年生で「主体的・対話的で深い学び」はむずかしい？

平成29年の学習指導要領改訂のスタートポイントとなった中央教育審議会への諮問文（平成26年11月）は、これまでの教育課程行政の歴史上初となる、授業の指導方法にまで踏み込んだ驚くべき提起でした。そのなかでもひときわ目を引いたのが「アクティブ・ラーニング」（以下「AL」という）であったために、一時「ALとは新しい指導方法」であるかのような誤解が生じました。

しかし、諮問文を改めてよーく解きほぐすと、ALは新しい指導方法の1つとして提起されたわけではないことが分かります。

「何を教えるか」という知識の質や量の改善はもちろんのこと、「どのように学ぶか」という、学びの質や深まりを重視することが必要であり、課題の発見と解決に向けて主体的・協働的に学ぶ学習（いわゆる「アクティブ・ラーニング」）や、そのための指導の方法等を充実させていく必要があります。

（中央教育審議会諮問文／傍点・筆者）

傍点部分前後の文節のつながりを見れば、「ＡＬ＝指導方法」ではなく、「ＡＬ＋そのための指導方法」であることが分かります。「イコール」ではなく「プラス」であるとすれば、その目的はどこにあるのでしょうか。

そこで、右の諮問文を次のように読み替えてみます。

主体的・協働的に学ぶ学習、いわゆるＡＬ（「主体的・対話的で深い学び」）の実現に向けて指導方法を創意工夫（「授業改善」）することによって、子供たちの「学びの質や深まり」を図る。

このように考えれば、新しい学習指導要領が求めていることが、いかにシンプルであるのかが分かります。さらに平たく言ってしまえば、こう考えることができるでしょう。

主体的な学び、対話的な学び、深い学びを実現しようとする「いい授業」を行えば、子供たちの学びの質が高まる（深まる）るので、そのために必要な授業改善に全力で取り組みましょう。

「１年生には、『主体的・対話的で深い学び』はむずかしいのではないか？」こんな声がよく聞かれます。しかし、前述のようにシンプルに考えれば、「1年生だからむずかしい」ことにはならないと思います。

問題は、「主体的」「対話的」「深い」という言葉を必要以上にむずかしく捉えてしまうことにあるように思います。要するに、「十把一絡げで、唯一無二の『主体的・対話的で深い学び』が存在するような気がして、みんながみんな、そしてどんな授業であっても実現しないといけない」そんな錯覚にとらわれているような気がするのです。

しかし、本当のところは、多くの人が口にするほどむずかしい話ではありません。なぜなら、学年の段階に応じて求められる「主体的・対話的で深い学び」の実相はそれぞれ異なるわけですから。

高学年には高学年の、あるいは中学生には中学生の「主体的・対話的で深い学び」があります。このことは、1年生においてもまったく同じ。すなわち、1年生なりの（ならではの）「主体的・対話的で深い学び」を目指していけばよいということです。

2　1年生なりの「主体的・対話的で深い学び」の姿

それでは、1年生なりの「主体的・対話的で深い学び」というものをどのように捉えたらよいでしょう。私は、次に紹介する「前のめり」「気になる」「つながる」姿だと捉えています。

1年生の「主体的な学び」の目印は「前のめり」。

知りたい、聞きたい、伝えたい、書きたい、分かりたい、できるようになりたい…など、やりたくて仕方がない「前のめり」な状態のときが「主体的な学び」の渦中にあると考えることができます。学ぶことに興味や関心をもつ、それを実際にやってみて実現する、この経験の積み重ねが、見通しを立てる力や振り返って次につなげる力、粘り強く取り組む力を子供たちに培っていきます。

1年生の「対話的な学び」の目印は「気になる」。

対話の肝は、聞き合うこと。ですから、「対話をする」ということを、「発表し合うこと」と捉えてしまうと、聞き合っている子供の姿を見落としてしまうでしょう。

「友達はどう思っているんだろう」「あの人はどうなのかな」「ここにはどう書いてあるんだろう」など、「気になる姿」が「対話的な学び」の目印です。したがって、自分以外の考えが気になるような授業の展開をすることが大切です。

1年生の「深い学び」の目印は「つながる」。

いま自分が学習していることが、これまでの遊びや生活の中での経験とつながる、その教科でこれまでに学習したこととつながる、他教科での学びとつながる…このような「つながる」瞬間を迎えたとき、子供たちは「あっ、それってこういうことだったのか」「あっ、あのときにね…」「あっ、これってさあ…」など、思わず「あっ」と言ってしまう学びです。その瞬間、彼らの全身を電流が走ります。この姿が1年生の「深い学び」だと私は考えています。

3　すべての授業が「主体的・対話的で深い学び」でなければダメ？

結論から言えば、「年間1000時間すべての授業が『主体的・対話的で深い学び』になっていなければダメ」ということではありません。

新学習指導要領では、次のように示しています。

> 各教科等の指導内容については、（中略）**単元や題材など内容や時間のまとまりを見通しながら、**そのまとめ方や重点の置き方に適切な工夫を加え、（中略）主体的・対話的で深い学びの実現に向けた授業改善を通して資質・能力を育む効果的な指導ができるようにすること。
>
> （新学習指導要領第1章総則第2の3／太字、傍点・筆者）

この規定から分かることは、「主体的・対話的で深い学び」は、「単元や題材など内容や時間のまとまりを見通しながら」実現を図っていくものだということです。つまり、すべての授業で実現することが求められているわけではないのです。

どの教科等においても、単元（題材）は平坦な道のりではありません。まさに山あり谷あり。

「ここが山場だ！　ぜひ子供の主体性を引き出したい」「ここでは子供の視野を広げさせたい！　だから対話的な授業展開にしたい」

このような教師の思いや意図に基づいて、言わばねらいを見定めて「主体的・対話的で深い学び」のある授業をつくっていくということです。

ひとくちに「主体的な学び」と言っても、子供たちがめあてや見通しをもち、思いや願いの実現に向けて活動していく場面もあれば、教師がちょっと立ち止まらせて、問いを投げかけて考えさせる場面もあります。また、教師が知識や技能をしっかりと教えて習得を目指す場面もあれば、子供たちがそこから、既習事項と関連させて考えていくこともあるでしょう。

すなわち、「主体的な学び」「対話的な学び」「深い学び」には、**それぞれ連続的な幅とそれに適するタイミング（場面）があり、単元（題材）という1つの大きなまとまりのなかで、教師が意図的に構成していくことが重要だ**ということです。

そこで、ここでは1年生における算数科と国語科の実践を例に、「単元や題材など内容や時間のまとまりを見通した指導」を考えていきます。

【算数科】単元のまとまりを見通した指導

1年生の算数のひき算では、減加法と減々法を学習します。

およそどの教科書も、減加法で「○－9」「○－8」「○－7、6、5」と学習したあとで、「○－3」などの場合における減々法を学習していきます。この学習を効果的に進めるために、どのように単元の展開を考え、どのような指導方法を選択すればよいのでしょうか。

大切なことは唯一無二の指導方法を確立することではないように思います。むしろ、（非常に困難なことではありますが）いろいろな指導パターンを自分のなかにもっておくようにして、目の前の子供たちの実態に合わせて引っ張り出すことだと思います。

たとえば、私は次のような指導パターンを考えます。

［パターン①］減加法について、まずしっかりと教えておき、その既習事項を基に、減々法の仕方や減加法との違いを考えさせ、解法を見いださせる指導

［パターン②］まず「○－9」について、子供たちにあれこれと考えさせながら減加法をまとめていき、その既習事項を基にしながら、「○－8」などについても一気に確認していく指導

［パターン③］減加法ではしっかりと教えたり練習させたりして習得を図ったのちに、「減々法」のページを予習させ、分かったことや分からなかったことなどを友達と交流するところから授業をはじめる指導

右のパターンは、「主体的・対話的で深い学び」を実現するために考えた私なりの道筋です。共通することは、前段部分の「まず○○について考えさせる（教えておく／練習しておく）」という過程を経て、学びの質の深まりを目指していくという点です。

この前段部分の授業や特定の指導場面では、必ずしも主体的でない、対話的でない、深くもない学習が展開されます。しかし、それは「主体的・対話的で深い学び」を実現するための布石として意図的に設定したものです。すなわち、こうした学習の積み重ねと連鎖が、ある授業、あるいはある場面で結実することを、単元のまとまりのなかでねらっているということです。

【国語科】内容のまとまりからその発展を見通した指導

国語科は、「繰り返し教科」だと言われることがあります。

たとえば、「読むこと」の文学的文章ひとつとっても、「はなのみち」「おむすびころりん」「おおきなかぶ」「ゆうやけ」「くじらぐも」「ずうっと、ずっと、大すきだよ」「たぬきの糸車」（いずれも光村図書出版）と、7つの教材を使って、7回繰り返し「読むこと」の学習を行うことに由来があります。

この繰り返しのなかに、いかにして「主体的・対話的で深い学び」の実現を見込むか…もしうまくいかなければ、教材は変わっても、文字どおり「ただの繰り返し」になってしまいます。それでは指導効果はおろか、子供によっては読むことが嫌いになってしまうかもしれません。

新学習指導要領国語科（低学年）における関係規定を抜き出すと、次のように定めています。

イ　場面の様子や登場人物の行動など、内容の大体を捉えること。

エ　場面の様子に着目して、登場人物の行動を具体的に想像すること。

この規定から考えたいことは、まずは何よりも「『登場人物』とは何なのかが分からなければ、登場人物の行動を捉えたり具体的に想像したりすることはできない」ということです。

登場人物について考える実践については、第2章でも紹介しましたが、「人間だけではなく、人間のように話したり自分で考えて動いたりするものであれば、たとえ動物や物などであっても登場人物になり得る」ことが分かってはじめて、登場人物について考えることができるようになります。

したがって、一番最初の「はなのみち」では、まず「『登場人物』とは何か」を理解することを主眼として「読むこと」の充実を図ります。そのため、この段階では、主体的というよりも、受動的な学習に軸足を置きます。

そして、次の「おむすびころりん」からギアチェンジします。すでに子供たちは、「『登場人物』とは何か」を理解しています。すなわち、既習事項を活用した授業を展開する足がかりができています。

「この新しいお話の登場人物は？　前に勉強した『はなのみち』のお話を思い出しながら考えてみよう」と促すことによって、「おむすびころりん」に適用して考える、あるいは、お話を読み直し、人間ではなくても登場人物と言える動物や物がいないかを確かめる、こうした学習にチャレンジできるようになっていくのです。

＊

「既習事項を活用して、いかに新しい事項の理解（概念形成）を図るか」これは新学習指導要領が重視する命題のひとつです。しかし、「言うは易し」で、実際に「活用と発揮」にチャレンジできるようにするためには、教師の意図に基づく様々な手立て（お膳立て）を必要とします。この点については、高学年になるほど難易度が上がるように思います。

逆に言えば、学年が下がるほど、つまり1年生ほど挑戦しやすい学年はないとも言えます。教科数が少なく、合科的・関連的指導を行いやすい1年生。しかも、余剰時数も多く、試行錯誤する時間を取るうえで割と余裕があります。

「ここでは、しっかりと教えよう」

「ここでは、一人一人じっくり考えさせてみよう」

「ここでは、グループでの対話を多く取り入れて、視野を広げさせよう」

「次の単元からは、子供たちと一緒に学習計画を考えていこう」

教科の本質である内容のまとまりに立ち返り、単元やそのつながりを見通して、指導を考える時間と機会をもてることは、私たち教師にとってかけがえのないものです。

「考えるための技法」（思考スキル）は1年生から！

新学習指導要領の総合的な学習の時間「内容の取扱い」に、次の規定が新設されました。

(2) 探究的な学習の過程においては、他者と協働して課題を解決しようとする学習活動や、言語により分析し、まとめたり表現したりするなどの学習活動が行われるようにすること。**その際、例えば、比較する、分類する、関連付けるなどの考えるための技法が活用されるようにすること。**

（太字の箇所が新設／傍点・筆者）

ここに言う「考えるための技法」は、総合的な学習の時間の規定において定められた文言ですが、文科省ウェブサイトで公開（平成29年6月）された「解説書」では、「各教科等や総合的な学習の時間の学習において児童に求める『考えるための技法』を探究の過程において意図的、計画的に指導することが必要である」と説明していることから、今後、各教科等の様々な学習場面での有効活用が研究されていくものと考えられます。

また、「考えるための技法」は「思考スキル」とも呼び、この思考スキルを発揮するためのツールを「思考ツール」と考えることができます。

生活科でも、これまで「見付ける、比べる、たとえる」という思考スキルを発揮する学習活動があり、今回の改訂では、さらに「試す、見通す、工夫する」という3つが追加されました。このうち、従前の3つが「分析的な思考」、新設された3つが「創造的な思考」を促すと言われています。今後、これらを組み合わせながら、気付いたことを基にして思考力を発揮し、気付きの質を高めることが、生活科における至上命題となります。

このように教科や学年を問わず、思考スキルを働かせ、ツールを駆使して思考を可視化する試みが、今後ますます重視されるようになるでしょう。

しかし、なかには、「1年生ではまだ思考ツールを使いこなせないのではないか」と考える方もいらっしゃるようです。確かに、発達の段階や学習状況を考慮する必要はありますが、1年生の子供にとっても、「思考する」「思考を広げる」「思考を深める」うえで、思考スキルを発揮できる思考ツールは強力な武器になります。

そこで、ここでは、学習効果を期待できる考え方を紹介したいと思います。

1 「仲間分け」を繰り返す

総合の規定で示された「分類する」とは、言わば「仲間分けをすること」、これまでの授業でも様々な場面で行われてきたことです。「仲間分け」は、まず2つ以上の比較対象を必要とし、共通する事柄と異なる事柄を見付け出すための判断基準があってはじめて可能になります。そのような意味で、基本となる思考スキルのひとつだと言えますが、こうした能力は繰り返しのトレーニングによって身に付いていきます。

そこで私は、たとえば次のように取り組んでいます。

5月の遠足に向けて、「広場でのクラス遊びを何にするか」について話し合う学級会を開きました。

「鬼ごっこがいいと思います」

「わたしは、なんでもバスケットがいいです」

「みんなでしりとりは？」

などなど、子供たちに水を向ければ、園や家庭で教わった遊びや生活経験を基に案を出してくれます。

　このとき、私は子供たちの発言を黒板には直接書かないようにしています。短冊型に切り取った画用紙に1枚につき1案を書き、ランダムに黒板に貼っていきます。そのうえで、次のように提案します。

「たくさんの遊びが出てきたけど、どうしよっか。ちょっと整理してみない？　たとえば似ているものはあるかな？」

　すると、子供は自然に思考スキルを働かせて発言しはじめます。

「先生、氷鬼と増やし鬼は、鬼ごっこの仲間だよ」

「走る遊びとそうじゃない遊びを一つずつやるのがいい」

　このように、ちょっとした機会を使ったトレーニングで十分だと思います。大事なことは何度も繰り返すこと。この一点にかかっていると思います。

2　子供に使えるようになってほしい思考ツールは教師が率先して活用する

　多くの先生方の取組の成果や関連書籍の広がりなどにより、思考ツールを活用した実践はずいぶん浸透してきたように思います。とはいうものの、最初の導入時には迷いがつきもの。「うちのクラスの子供たちには荷が重いんじゃないかなぁ」「使い方を教えるのに時間をとられすぎるのもなんだし…」などなど。

　そこでお勧めしたいのが、日ごろの授業のなかで教師自身が自分の指導のために思考ツールを活用することです。繰り返し繰り返し使って見せることで、子供は少しずつ使い方やその効果を学んでいきます。この方法であれば、「これはイメージマップといって、これこれこういう使い方で…」などと、わざわざ使い方を教える時間を取る必要はなくなります。

たとえばイメージマップ（ウェビングマップ）。

黒板の中央に大きな丸を描いて「たんけんしてみたいところ」と書きます。4月からはじまる「学校探検」の授業です。

「じゃあ、みんなが行ってみたいところ、先生に教えてくれる？」

すると、子供たちから「いろんな教室」「体育館」「校庭のすみっこ」などなど、様々な意見が出されます。こうした発言を一つ一つ拾い出して、黒板の中央の丸に紐付けるように放射線状に書いていきます。ひとしきり発言を書き込めば、イメージマップの完成。

このとき、個々の「行ってみたいところ」との関係性を明確にできるような書き方の工夫があってもよいと思います。

たとえば、「音楽室」「鉄棒」「校舎」「校庭」という発言があったら、この4つのワードをすべて独立に書いて、すべてのワードを「たんけんしてみたいところ」に線を引っ張るのではなく、「たんけんしてみたいところ」→「校舎」→「音楽室」、「たんけ

資料1　イメージマップ

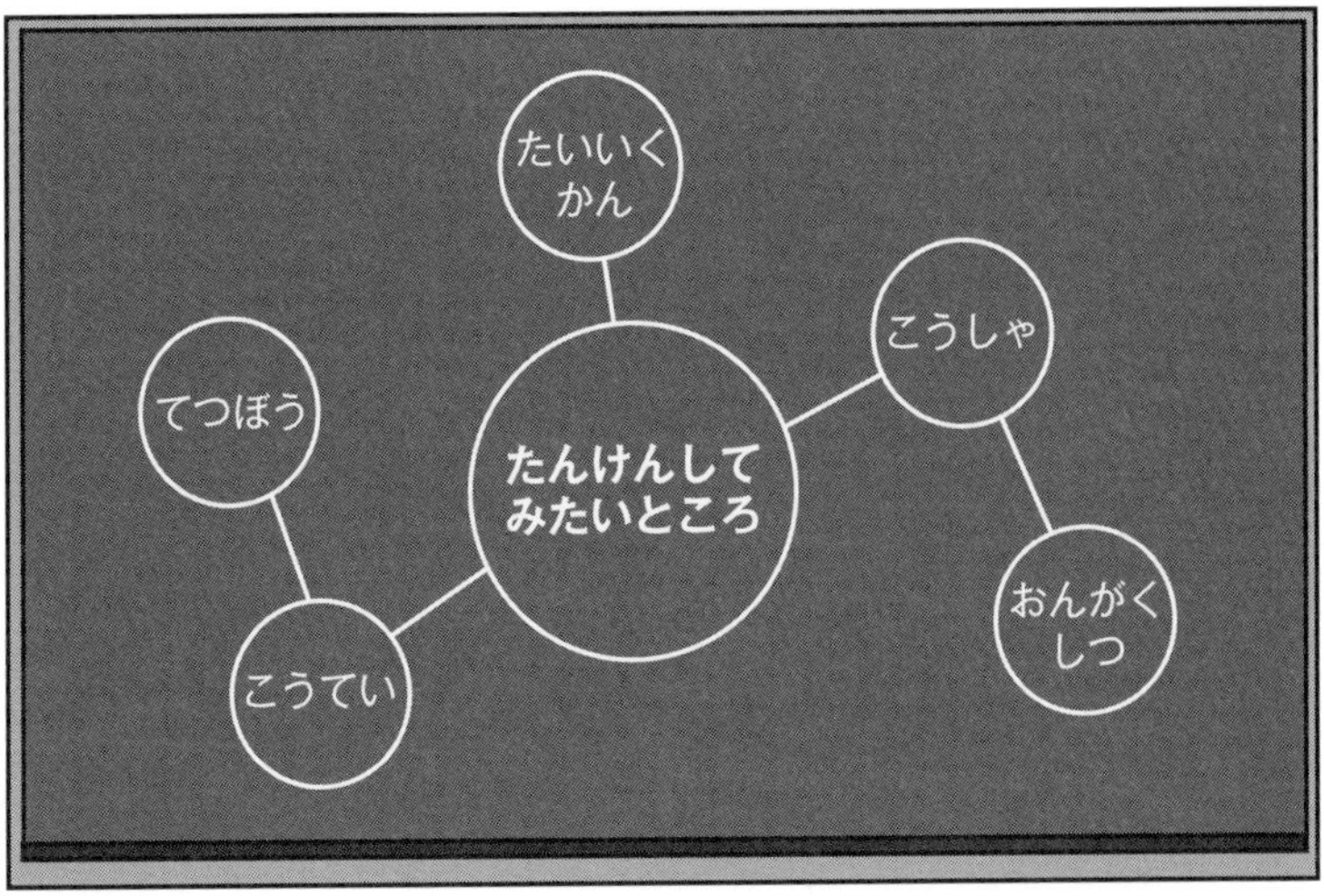

んしてみたいところ」→「校庭」→「鉄棒」というように要素ごとに切り分けて線を引く方法です。すると、相互の関係性がひとめでわかるイメージマップになります（**資料1**）。

逆に、最初はすべて独立に書いておいて、意見が出尽くした段階で「仲間分け」をするように促し、子供の発言に応じてイメージマップを書き換えていく方法もあります。

このような試みは、単元の種別を問いません。春の遊びでも、夏の遊びでも、アサガオの育て方でも同じようにできます。1学期間、教師が繰り返しイメージマップを活用しながら発問し、子供の思考を促し続けることによって、子供自身もイメージマップを描けるようになります。

以前、2学期の最初の国語科の授業で、

「ノートの真ん中に『なつやすみのおもいで』と書いて丸で囲もう。その周囲にどんな思い出があったか書き込んでみよう」と促してみたことがります。

するると、最初に書き込んだ「りょこう」というワードからさらに線を延ばして「かわあそび」→「さかなをみつけた」→「むずかしかった」と書いた子がいました。まさに出来事と思いを膨らませている思考の様子が可視化されたイメージマップでした。

＊

はじめて使用する物の使い方、効果、ルールといった、目に見えない事柄を理解させるのは、高学年であっても簡単ではありません。そこは発想の転換です。

アプリケーション・ソフトの使い方を説明する最近のマニュアルは、冊子ではなくなり、実際に使って見せる動画配信に切り替わってきています。実際の動きを通して視覚的に見たほうが理解と習得が早いという考え方です。

そのような意味では、どのような思考ツールも表現できる黒板は、万能の思考ツールと言えるかもしれません。

3　使用する思考ツールは数を絞って繰り返し活用する

ここまで、「1年生でも思考スキルを働かせて思考ツールを使いこなせる」と言ってきましたが、効果的に取り組むうえでは、ひとつだけ高学年と異なる対応が必要になることがあります。それは、「使用する思考ツールは数を絞って、それを繰り返し活用するようにする」ということです。これは私の実践上の感覚ですが、次の5つの思考ツールから使えそうだと思うものを、子供たちの実態に応じて3つほどピックアップすると、どの子も使いこなせるようになります。

①出来事と思いなどをつなぎ合わせて思考を膨らませる「**イメージマップ**」
↓国語科や生活科の単元のはじめに考えを広げるときに毎回のように活用できます。

②多様な意見をまとめるのに適した「**ピラミッドチャート**」
↓学級の目標を考えたり、ルールを決めたりするときに使えます。

③物事を整理するときに効果的な「**マトリックス（表）**」
↓国語科における「読むこと」の学習で大活躍。

④多様な考えを関連付けながら絞り込んでいくのに役立つ「**ボックスチャート**」
↓生活科の授業、子供たちの発言から生まれたキーワードを周辺に書き、関連付けながら最終的に1つに絞り、黒板の中央に書いて単元名にしたことがあります。

⑤2つ以上の対象の共通点と相違点をはっきりさせることができる「**ベン図**」
↓国語科の説明文で、事例ごとの共通点と相違点を比較するときに便利。

右に挙げたのは一例ですが、活用可能な機会はたくさんあります。こうした機会を意図的につくって繰り返し活動を積み重ねていけば、3学期になるころには、グループでの話し合い活動、日常生活の係活動などの際、子供たち自身が進んで思考ツールを活用しながらアイデアを出し合う姿が生まれるようになります。

国語科で学習計画を立てる

1年生の国語科と算数科の教科書を見比べたときに、特徴的な違いがあります。それは、算数科の教科書には設問が掲載されていますが、国語科の教科書にはそれがないこと。そのため、国語科では設問ベースで学習を進めていく方法は採れません。生活科や総合的な学習の時間などと同様に、単元ごとに学習計画を立てる必要が生じます。

本節では、1年生の国語科において、どのようなことに気を付けて学習計画を立てていくかを紹介します。

1 基本から発展へ、小石を積み上げるように一歩一歩、学習方法を更新する

学習指導要領上、国語科では、各学年の内容〔思考力、判断力、表現力等〕のなかに、3つの領域が設定されています。

A　話すこと・聞くこと
B　書くこと
C　読むこと

教科書においても、この3つの領域ごとに単元が綺麗に分かれているのかというと、そうでもありません。3つの領域をすべて含む単元もあるし、1つの領域で通す単元もあります。このことを頭に入れておいて、1年間の学習を通じてABCそれぞれに何回取り組むことになるのかをまず把握します。

というのは、仮に「B　書くこと」の単元が年間3回あったとして、すべての単元で同じような学習方法を繰り返すだけでは、なかなか学習成果が上がらないと考えているからです。だからといって、それぞれ全く異なる学習方法を採り入れればうまくいくということでもないようです。

私が考える理想は、回を重ねるごとに基本から発展に向かう学習プロセスを描くことです。ここで重視していることは、発展の難易度ではありません。目の前の子供たちの学習状況に応じて立てた学習計画によって、「一歩一歩前に進んできたよ」「前よりも新しい学びがあったよ」と子供自身が実感できるようにすることです。言わば、山に小石を一つ一つ積み上げるようなイメージです。

いかにして既習事項を使って、新しい理解に辿り着くか。教科の学習の内容という観点で考えれば、入学したての1年生はまっさらです。スポンジのようにどんどん新しいことを吸い込んでいくので、(慌ただしい年度はじめですが)教科の系統性を意識してカリキュラムをデザインし、実践を積んでいけば、子供も教師も共に学びへの自信を深めていくことができます。

2 子供たちが学習計画を立てる機会をつくる

国語科では、子供たちと共に単元の学習計画を立てる活動がよく行われますが、1年生でも他学年と同様に行うことができます。ただし、次の2つの条件付き。

○教科の内容の系統性を意識したカリキュラム・デザイン、既習事項を活用した学習の充実が前提条件となります。子供たちはひとまとまりの単元を通して、次の理解に至っている状態です。

「説明文ってこういう活動をすると、書かれている内容がよく分かるよね」
「文章を書くときには、こういう手順で進めていくと、分かりやすく書くことができるよね」

○子供たちに身に付けさせたい力は何なのか、子供たち自身が理解できる言葉で明確に示されていること。教師と子供の双方が、目指すべきゴールを理解しイメージできてはじめて、対話を通して学習計画を立てられるようになります。
実際に子供と学習計画を立てる際には、次の3点をポイントとして子供たちに伝えます。

- 自分たちがやりたいことを考える。
- 身に付けたい力を身に付けるためにやるべきことを考える。
- 教科書に書かれていることをヒントにする。

教科書によっては、学習の流れが簡単に示されているものもあるので、子供たちはそれをガイドに考えることもできます。

*

「自分たちで学習計画を立てる」ということは、「何をどのように学ぶかを自分たちで決める」ということです。このような自己選択・自己決定は、学びへの責任感を醸成し、ひいては学習意欲を高めます。そして何より、国語科の学び方を習得していきます。まさに、自立した学習者への成長を遂げる一歩を踏み出せるのです。そうであればこそ、高学年、あるいは中学年からなどと思わずに、1年生からトライさせていきたい。私はそう思うのです。

算数科で習得と活用を位置付けた授業づくり

児童が各教科等の特質に応じた見方・考え方を働かせながら、知識を相互に関連付けてより深く理解したり、情報を精査して考えを形成したり、**問題を見いだして解決策を考えたり**、思いや考えを基に創造したりすることに向かう過程を重視した学習の充実を図ること。（新学習指導要領総則第3の1／太字、傍点・筆者）

右の太字と傍点を付した文言に注目してほしいのですが、本節で考えたいこと、それは1年生における「問題解決学習」です。

今回の改訂で重視されている「学習過程の質的改善」とは、まさに「問題解決学習の充実」と背中合わせであり、その射程範囲は（教科によっては「課題解決」ですが）教科を問いません。

近年では、道徳の時間（小学校では、平成30年度より教科化）においても、1時間完結型の授業だけではなく、4時間程度をパッケージ化ユニット（単元）で構成して、問題解決学習に挑戦する実践も増えてきています（田沼茂紀編著『道徳科授業のつくり方』東洋館出版社、平成29年8月）。

このように、問題解決学習の充実は、どの教科においても重視されていることが分かります。

しかし、そうはいうものの…

「そう簡単にできるものではないよね」何気なく同僚と話をしていると、つい口をついて出てきてしまう言葉です。「問題解決学習はむずかしい」と。

そう、問題解決学習は、いわば古くて新しい教育課題のひとつ。願わくば実現したいが、難易度は高い。

そこで、ここでは算数科にスポットを当てて、問題解決学習について考えてみたいと思います。

次は、私が抱く「算数科における問題解決的な学習のイメージ」です。

①問題と出合い、解決の見通しを立てる。
②自力で解決する。
③それぞれの考えを比較・検討する。
④解決方法をまとめる。
⑤適用問題に取り組む。

一見すると、それはそうだよね、という事柄ばかりだと思います。問題は、この5つを具現化するように授業をつくろうとしたところ、次のような課題に直面することになったことです。

「自力解決のときに、すぐに解決できてしまう子は、残りの時間をどうすればいいのか？」

「なかなか自力解決できない子には、どのように支援したらよいものだろう」

「比較・検討といっても、結局は教科書に書いてある解法を教えることになっちゃうのだけど…」

「そもそも時間がかかりすぎる。これでは問題演習をする時間がなくなってしまう」

「計算ドリルも学校でやらせたいけど、時間が足りなくていつも宿題にしちゃってるよなぁ」

「もしかして、1年生では算数科の問題解決学習は無理なのかな…」

結論から言えば、「1年生では問題解決学習は無理」なのではなく、算数科における問題解決学習への私の捉えに問題がありました。つまり、すべての授業で問題解決学習をしなければならないと思い込んでいたのです。

そこで、いったん自分の頭をクールダウンして、「習得・活用・探究」との対比で考えてみることにしました。「そもそも問題解決学習と習得・活用・探究にはどのような関連性があるのだろう」と。

考える材料として、学習指導要領や学校教育法などを紐解いてみたところ、これまで自分でもよく見聞きした次の一文に行き当たります。

> 学校教育法第30条第2項 （前略）基礎的な知識及び技能を習得させるとともに、これらを**活用して課題を解決する**ために必要な思考力、判断力、表現力その他の能力をはぐくみ、主体的に学習に取り組む態度を養う（後略）
>
> （太字、傍点・筆者）

いわゆる「学力の3要素」を定めた条文です。これと同様の規定は、学習指導要領総則にも置かれていますが、この条文を改めて読み返し、次のように思い至りました。

「なんだ、活用の場面で取り組めばいいんじゃないの」と。

これまでの私は、「習得」の場面でも「問題解決をさせなくては…」と躍起になっていたのです。そこで、単元の組み立て方をそもそも考え直すことにしました。

たとえば、一位数＋一位数で繰り上がりのある足し算を学ぶ単元を、次のように実践してみました。

1 単元のなかに「習得・活用・探究」のサイクルを位置付ける

まずは、「9＋4」について考える授業です。

「9＋4」は、それまでに学習してきた足し算とは違って、答えがはじめて10を超える（桁が繰り上がる）計算です。この解法を考える段階で、指導方法に工夫を凝らせば、様々な考え方で解法に迫ろうとする何人かの子供たちが現れるでしょう。

それは、絵を描いて答えに行き着く子、図で表す子、言葉での説明を試みる子、塾などで学んだやり方を示す子など、算数が得意な子供たちです。

この段階で、以前の私は「とにかく問題解決的にしなくちゃ」とばかりに、彼らから提案された一つ一つの方法を深掘りして、子供たち全員の計算精度を上げようとしていました。しかし、それをきっぱりやめ、「この場面は『習得』の段階、『活用』はその先」と割り切り、教科書に載っている方法をそのまま教えることにしたのです。それはみなさんご存じの「さくらんぼ計算」。

「みんなが説明してくれた方法は、こうやって書くと分かりやすいよ」

このように言って、まずは「さくらんぼ計算」を教えて演習し、どの子も「9＋4」の答えを出せるようにする、まずはこのような「教師がしっかりと教えて、子供たちが習得できる授業」を目指し、「活用できる授業」にもっていく下地をつくります。

次の時間からは、「9＋○」の解き方を活用して「8＋○」の解き方を考える。また、次の時間には、「7＋○」「6＋○」「5＋○…」の解き方を考える。こうした取組を通して習得した知識を活用して、今度はほかにも解決方法はないものかを考える。このようにして授業を問題解決的にしていきます。

ここまでは、足される数を機械的に10のまとまりにするという方法を学習していますが、単元の途中でちょっとした転機が訪れます。それは、たとえば、「3＋9」などの足す側の数のほうが大きいときの足し算です。

たとえ解法そのものの考え方は同じであっても、計算の手順が少しでも変わると途端に答えが出せなくなる子は少なくありません。そこで、この時間では、足す側の数を10のまとまりにする方法をまず教えることにしました。

問題解決学習というと、まず何より自力解決を通して様々な解決方法を引き出し、そこから新たな課題を見いださせて次の解決に向かうというものです。しかし、私はまず習得を目指すために一定の解決方法を教え、そのうえでほかにも解決の方法がないかを考えていくのも、立派な問題解決学習なのではないかと考えるようになりました（もっとも、このやり方だと、「活用」というよりも「探究」に近いかもしれませんが…）。

いずれにしても大切なことは、どの時間を「習得・活用・探究」のいずれに当てはめていくのかを意識的に考えながら、単元全体を構想することだと思います。

2　1年生だって、自分で目標を決めて「習得」に向かっていける

教師になって間もないころの私は、「基礎的・基本的な知識及び技能の習得」ということ、「どの子供も同じだけの問題量をひたすらこなし、飽きるほど計算練習を繰り返すのが定着に最適」という考え方でした。

しかし、十把一絡げに子供をひとくくりにはせず、習得の仕方ひとつとってみても子供一人一人に特性があるよね、ということに目を向けるようになってからは、子供によって習得に必要な問題量や学習方法は違うし、そもそも習得自体にむずかしさを感じる子もいることに気付けるようになりました。

さらに言えば、最初から解法を教わってから反復練習するほうが身に付く子もいるし、まずは分からないなりにも自分なりに解法を考え、自分の誤り（課題）を手掛かりにして試行錯誤するほうが身に付く子もいます。要するに、その子によって習得しやすい道筋（学習プロセス）は多様である以上、子供たち一人一人の認知特性によるというほかありません。

このようなことに思い至ったものの、「じゃあ、いったいどうすればいいんだ」と悩んでいました。ちょうどそのころ、私の悩みを見透かしたかのように助言を与えてくださった方がいました。

「松村先生、1年生だって自分で目標を決めることができるよ。習得に必要な計算問題

の量だって自分で決められる。もう少し工夫してみてはどう?」

　恥ずかしながら、当時の私は「いくらなんでも、一人一人バラバラなことはできない」と思ってしまい、せっかく助言してくれた当時の校長先生の助言を生かそうとはしませんでした。しかし、その言葉はいつまでも心に残っていました。

　それから何年か経って、「こんなに心に引っかかり続けているんだから、ダメ元でやってみるか」と思い立ち、様々な試行錯誤を繰り返しました。その結果として(ベストとはとてもいえないですが)次の方法で指導するようになったのです。

　それは、**単元末のワークテストを実施する前に復習の時間を1時間設定し、子供たち一人一人が復習する箇所を自分で選んで復習する**という方法です。

　この方法を効果的に機能させるために、事前に「ふくしゅうガイド」を配布しています(**資料2**)。このガイドには、①その単元で学んできたこと、②①に該当する教科書のページや問題番号を盛り込んでいます。

　子供たちが復習する手順は次のとおり。

①自分が習得できていないと感じている内容を自分で選ぶ。
②その内容に該当する問題を自分で解いてみる。
③復習後、答えを教室に貼り出しておくので、それを見たり、自分のノートを見返したり

して自分で答え合わせをする。

いまのところ、この方法はうまくいっていて、高い学習効果（習得）が得られています。これまで1時間1時間の学習内容をバラバラに捉えていた子供も、一つ一つの学習には関連性があることに気付き、単元を通して学んできたことを整理し直したり、自分に不十分だと思う箇所を自覚して解き直したりする子が増えてきました。

資料2　ふくしゅうガイド（2年生の例）

テストは
26日（月）！

ふくしゅうガイド

3けたの数

もののの数を数えたり、3けたの数を書いたりする。
P51の △1△2△3　△4セ

3けたの数をいろいろな言い方であらわす。
P53の △4△5△6　P54の5△7 6△8

3けたの数の大小、じゅんじょを考える。
P55の7△9△10　*P115の*△ソ

1000とそのまわりの数について考える。
P56の △11

1つの数について、いろいろな見方をする。
P57の9△12

3けたの数のけいさんをする。
P58～59の △1△2△3　*P115の*△タ

きごうをつかって、数やしきの大小をあらわす。
P60～61の △1△2△3　*P116の*△チ

教か書P　51～61　**⇒じぶんのノートを見てこたえ合わせ**

教か書P115～116　**⇒P118を見てこたえ合わせ**

その結果、ワークテストの平均点も上がりました。このことは、もともと勉強ができる子がよりできるようになったというよりも、勉強が苦手な子供たちの学力の底上げを意味するものでした。（ずいぶん時間を要しましたが）校長先生の助言を生かすことができたのではないかと、私自身うれしい出来事となりました。

ただし、この方法には課題があ

ります。それは、復習のための1時間をどうやって捻出するかということです。

幸い、低学年では余剰の時数が多いので、プラス1時間とすることもできるのですが、安易に「時数プラス」に頼っていると、学期末などには子供たちにとって負担感の大きいギュウギュウ詰めの時間割となってしまいます。

そこで考えたいのがカリマネです。単元ごとに設定された時間数から、子供の学習状況に応じて、たとえば2時間扱いのところを1時間にまとめてしまうなど、端折れるところを端折ってしまいます。

なにも指導書に書いてあるとおりにしなければならない理由はありません。教科書の使用自体は法的に定められた教師の義務ですが、単元ごとに何時間かけるかは単なる例示にすぎません。教師の工夫次第です。

ましてや算数科は、教科書に問題が示されているために、授業の進行が「教科書に書いてあるとおり」になりがちです。しかし、すべての問題を解かせなければならないわけでもありません。そのような意味で、見方を変えれば、意外と工夫の余地が大きい教科なのかもしれないと考えるようになりました。

3　授業は手探り

実を言うと、前節で述べたことにいきつくまでは、本当に紆余曲折、試行錯誤の日々でした。

たとえば、算数科で問題解決学習にトライしていくというとき、授業のなかで自力解決の時間を設け、みんなで検討し合いながらまとめるという取組があります。しかし、（先に述べたように）実際にやってみると、そもそも自力解決できない子供がたいへん多いことに気付かされました。たとえ10分間くらいの時間を取っても、まったく手が動かない子は結構いるのです。このような様子を目の当たりにしたことで、段々と次のように感じはじめました。

「毎時間の自力解決なんて本当に必要なのかな…」

そんな矢先、当時の同僚だった相馬先生（前著作の共著者）も私と同じような悩みを抱えていて、お互いにどうしたものかと話し合っていました。そのうち、算数科の授業については、いったん問題解決学習から離れ、ＴＯＳＳ（教育技術の法則化）のセミナーなどに参加して学んでみようかという話になりました。教え込みというと言い過ぎですが、基礎的・基本的な知識・技能の「習得」に軸足を置いた授業を目指すことにしたのです。

そうした授業の仕方を通して、自力解決の時間に手が止まっていた（思考が停止していた）子からも、だんだんと手があがりはじめ、発言できるようになっていったことで、手応えを感じられるようになりました。

しかし、そうした授業をずっとやっているうちに、マンネリ化というか、最初に感じた手応えが薄らいできました。目の前の子供たちも、発言はできるようになったものの、あまり楽しそうではありません。今度は段々と「単元のうちの1時間だけでもいいから、子供と一緒に迷走してみたいな」「みんなでぐじゃぐじゃ考えてみたいな」という気持ちが膨らんでいきました。

で、実際にやってみると、ぐじゃぐじゃしながらも、何となく問題解決的な学習っぽくなっていたのです。

このような経験から、何でもかんでも自力解決というのでは、子供にとってしんどいし、法則化された指導ばかりでも退屈…だとしたら、目の前の子供の学習状況に応じて、単元をつくっていく際に、双方のよさをうまくブレンドしていくことが大切なのだと気付いたのです。

学習指導にしても、生徒指導にしても、「○○というやり方が正解だから、その型に当てはめる」では、やはりうまくいきません。自分なりにいろいろなやり方を試すなかで、自分自身の授業を振り返りつつ、子供の学習に取り組む姿を思い浮かべつつ、次の時間をどう組み立てていくかを探っていくほうが、結果的にうまくいくのではないかと考えるようになりました。

常に「本当にこれでいいのか」という不安な気持ちをもちつつではありますが、授業のなかで不安が払拭される瞬間があったり、「次はどんな手でいこうかな」と明日の授業が楽しみになったりもする、それでいいんじゃないかなと思うのです。

1年生による「考え、議論する」道徳授業

道徳は、他教科に比べて学習指導要領が一足早く改訂され（平成27年3月）、小学校については平成30年度より「特別の教科　道徳」として新たなスタートを切ります。このリニューアルに先立って、最近よく耳にするようになった言葉があります。それが「考え、議論する道徳」です。

これまで道徳授業というとステレオタイプなスタイル、学年が上がるほどに子供の食いつきが悪くなってしまう。かつて組合が強かったころには、「道徳の時間は読書の時間」などという学校も少なくなかったと聞きます。

全国には、道徳授業に熱心な先生方は数多くいらっしゃるものの、かつてのイデオロギーの対立なども手伝って、様々な課題を抱えてきた道徳教育ですが、教科化をきっかけとして、実態としてのリニューアルが目指されています。その旗印が「考え、議論する道徳」だと言って差し支えないでしょう。

実際、私の感じた限りでも、これまではタブーとされてきたことが多すぎたように思います。

「子供が発言したら、それをそのまま黒板に書かなければいけない」

「展開の後段がなければいけない」

「教師の説話で終わらなければいけない」

　こうした約束事は、道徳の創設当時、新領域としての確固たる地位を確立するために必要だったことなのかもしれません。しかし、現在の学校教育にあっては、むしろ足かせとなって、画一化の要因ともなっているように感じます。このような道徳授業では、子供たちにとってはもちろん、私たち教師にとっても、おもしろみに欠けたものとなります。

　かつての私もそうでした。1時間の展開が固定した授業で、主人公の気持ちを順番に問うているだけで、授業をしている意味を感じることができませんでした。1年生であれば、教師の「問い」に対して素直に答えてはくれるものの、他教科の授業での様子と比べれば、明らかにおもしろくなさそうな表情でした。

　そうした私の意識を変えてくれたのが、平成20年の学習指導要領改訂の際に教科調査官を務められた永田繁雄先生（現・東京学芸大学教授）です。とある私的な研究会に参加した折、たまたま永田先生のお話を聞く機会に恵まれました。それを境に私の道徳授業観が180度転換したのです。何より、新しい道徳の在り方についての永田先生の考え方は、「とにかくおもしろい！」

永田先生自身、実に楽しそうに語ります。

「安全運転で各駅停車の授業ではつまらない。どこに辿り着くか誰にも分からない、冒険運転の授業をしよう！」

「価値と価値がぶつかり合う、かちかち山のような授業をしよう！」

「頑なに固まっていると折れてしまう。竹のようなしなやかさが大切！」

永田先生のお話は、道徳授業への私の意識を見事に吹き飛ばしました。

私はすっかり永田先生の考え方にはまってしまい、「さてさて、どうやって道徳授業をおもしろいものにしてやろうか」と、授業改善への意欲がメラメラと燃え上がりました。

そこで、ここでは永田理論を自分なりに解釈して試行錯誤した実践を紹介します。

1年生の定番資料と言えば、ご存じ「二わのことり」。この資料を使って、私は次のように授業を工夫してみました。

1　資料を読み取るハードルを下げる

「二わのことり」では、「うぐいす」「みそさざい」「やまがら」の3種類の鳥が登場します。この実践で子供たちがつまずきやすいのは、鳥の名称が覚えにくいということ。

鳥の名称と物語上のキャラクター性が結び付かなければ、その心情を思い浮かべることがむずかしくなります。何より自分の思ったことを友達に伝えることができません。すなわち、授業の仕方以前に、「考え、議論する」土俵に上がれないのです。

そこで、まず「うぐいす」「みそさざい」「やまがら」を絵で見せ、それぞれどのような特徴がある鳥なのかを紹介します。絵を思い浮かべながら物語に触れればイメージが膨らみます。また、資料を読み聞かせる前に、「これからお話をする『二わのことり』はね、こんなお話なんだよ」と話の筋（概要）を先に伝えておくのも子供の理解を助けます。場合によっては、事前に家で音読するよう宿題にすることも考えられると思います。

道徳授業における資料の読み取りでは、はじめてその物語に触れる新鮮さや感動的な出会いも大切だとは思います。しかし、登場人物の個性や物語上の役割、ストーリー展開といった事柄を、子供たちが（自分なりの解釈で）感じ取れてはじめて、みんなで「考え、議論する」スタートラインに立てるはずです。

道徳授業はゴールフリー。唯一無二の正しさを求める教科ではありません。それだけに、「自分なりに考えられる」土俵に全員をいかに（早く）乗せられるかが鍵を握るように思います。

2　資料に対する感想を自由に出し合う

登場人物の姿や動きを思い浮かべながら、読み聞かせによって子供たちが自分の頭のなかでストーリーを辿ることができればしめたもの。あとは次のように促すだけです。

「いまの話を聞いて思ったことや気になったことを、隣の席の友達と自由にお話してみて」

すると、次のようにわんさかと意見が繰り出されます。それらは、単なる思い付きではなく、登場人物の気持ちに寄り添った、ねらいにも迫る意見です。

「私だったら、やまがらさんから誘われていたから、はじめからそっちに行くと思う」

「でも、最後には行ったからよかったんじゃないの？」

「うぐいすさんの家からこっそり出てきちゃったから、うぐいすさんは探していると思う」

「うぐいすさんの家にはたくさんの小鳥が行っているから、一人くらい抜けても平気だと思うよ」

永田先生の話を聞くまでの私は、「このときのみそさざいさんは、どのような気持ちだったでしょう」などと細切れに問うていました。しかし、物語にのめり込みさえすれば、子供たちは自然に、自分を登場人物の心情になぞらえて考えはじめるのです。

子供たちの発言は、スケールチャートやVチャートを活用して黒板に表します。する

資料3　板書例

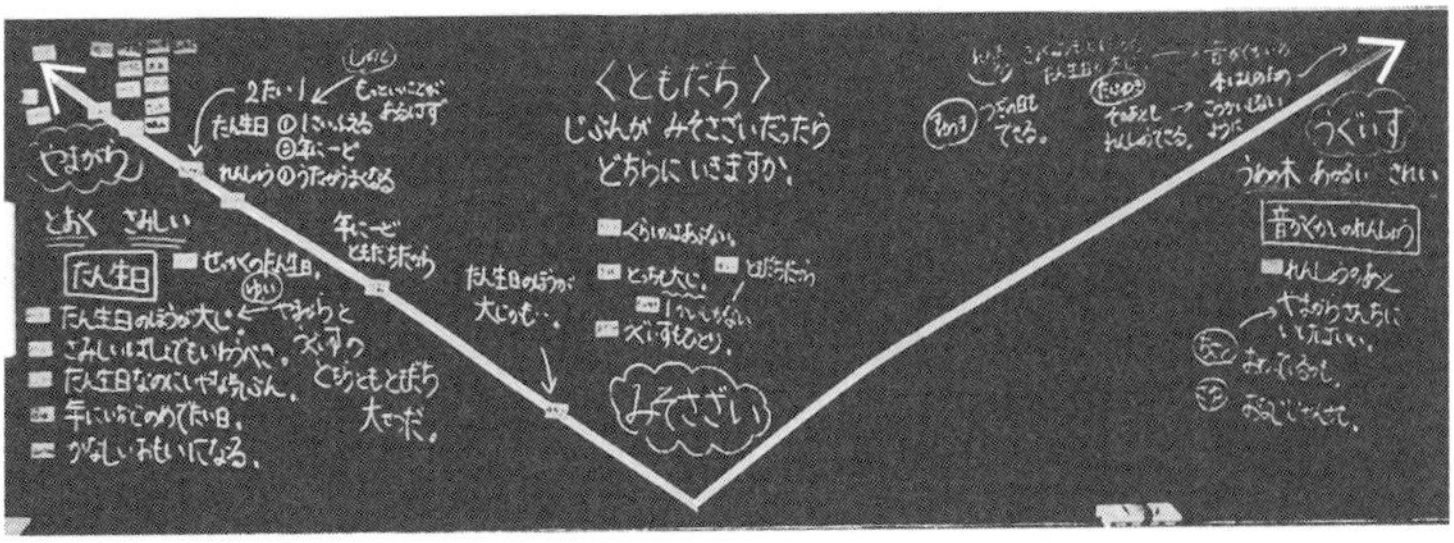

と、単に右端から左端に向かって子供たちの考えを箇条書きにするのではない、資料の構造と子供たちの思考とが一体となった板書になります（資料3）。

今回の場合は、みそさざいを中心に据え、うぐいすとやまがらを両端に置き、みそさざいの気持ちが揺れ動く様子を示すようにしています。結果、「うぐいすの家は明るい」「やまがらの家は暗い」というイメージが強調され、「暗いほうには行かないの？」など、いじめや差別の可能性が浮き彫りになります。このように、出し合われた意見が整理され焦点化されることで、次の「問い」が生まれる構造にしていくわけです。「自分がみそさざいだったら、どちらに行くでしょうか？」という「問い」です。

このような学習プロセスを経て生まれた「問い」は、子供たち自身のものとなります。すなわち、主体的に探究する道徳授業になるということです。少なくとも、教師と子供の一問一答で、広がりも深まりも期待できないお約束の道徳授業を回避できると思います。

3 自分の立ち位置を明確にさせる

この段階まで子供たち自身で考え、議論されると、「自分だったら、こうする（したい、あるいは、するべきじゃない）」といった思いや考えがより明確になってきます。そのタイミングを見計らってワークシートを配り、自分の考えを書かせます。

ここでも、スケールチャートやVチャートを示したワークシートにします（資料4）。「自分だったらうぐいすの家に行くのか」「それともやまがらの家に行くのか」「迷っているのか」「どちらよりなのか」など、自分の思いや考えに近い項目に○を付けるなどして明確にさせ、その理由を記入するようにします。さらに、自分がどのような立場なのかを、氏名マグネットを使って黒板に貼らせれば、その後の議論も興味深いものとなるでしょう（資料3）。

資料4

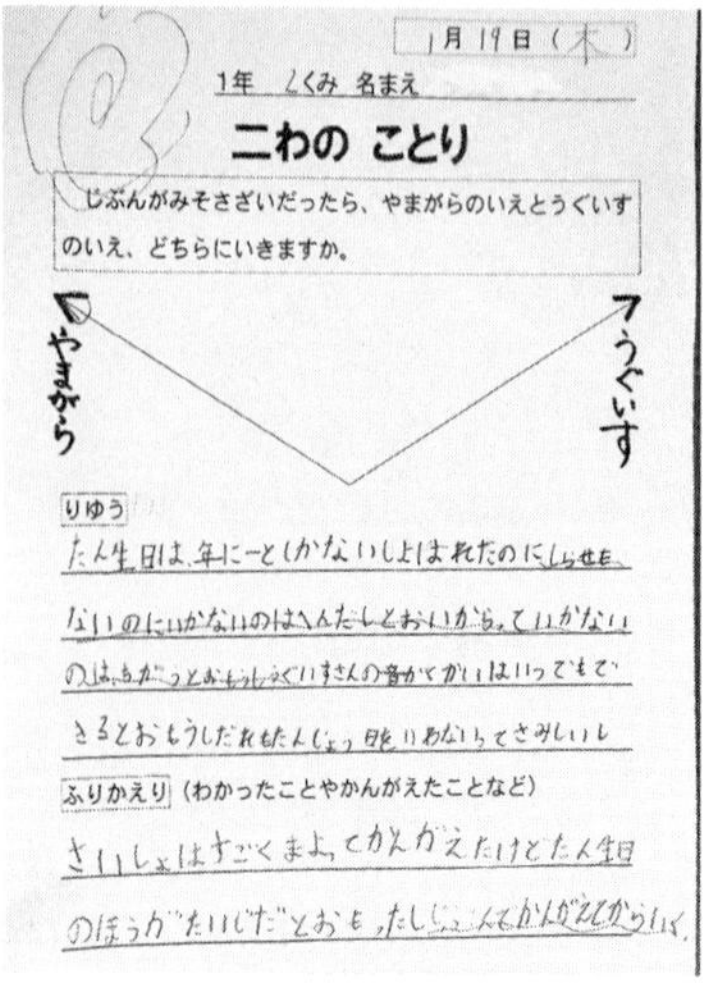
1月19日（木）
1年　くみ　名まえ
二わの　ことり
じぶんがみそさざいだったら、やまがらのいえとうぐいすのいえ、どちらにいきますか。
やまがら　うぐいす
りゆう
たん生日は、年に一としかないしよばれたのにしらせもないのにいかないのはへんだしとおいから。ていかないのは、ちがっとおもうしうぐいすさんの音がくかいはいつでもできるとおもうしだれもたんじょう日をいわないってさみしいし
ふりかえり（わかったことやかんがえたことなど）
さいしょはすごくまよってかんがえたけどたん生日のほうがたいじだとおもったしじっくりかんがえてからにした。

実際の私の授業では、「音楽会の練習と誕生日はどちらが大切なのか」という新たな視点も生まれ、子供たちは熱心に議論しましたが、合意形成には至りませんでした。どちらも1回切りの出来事であるという考え方が提示されるなど、子供たちの意見は

ひとつにまとまらないまま授業を終えました。

しかし、私はそれでいいと考えています。むしろ、これこそまさに、今回の改訂で重視されている「道徳的な判断力」に違いないと思えたからです。「どうやって友情を大切にすればよいのか」「どのような立場から価値判断するのか」といった事柄について、子供一人一人が自分なりの判断規準をつくり、それに基づいて表現する、その姿にこれからの道徳授業の可能性を見いだすことができました。

一見、バラバラな意見のように見えて、「友情の大切さ」という点では一致している、そこへ到達する道筋は子供の感性や思考に応じて多様である、だからこそ、一人では解決困難な課題に直面しても、周囲の人たちの知恵をより合わせることによって解決へと向かっていける、まさしく実社会で求められる課題解決の姿そのものだと思うのです。

4　自分の思考を振り返る時間をつくる

議論が白熱してくると、自分の立ち位置に自信をもつ子がいる一方で、自分の立ち位置を変えたくなる子もいます。あるいは、友達の意見に一定の理解を示すものの、自分の意見は変えたくない強い思いをもつ子もいます。

こうした自分の立ち位置やそこに至った思考のプロセスを振り返り、授業を通じて生まれた「問い」について考え直すのが授業の終末の振り返りです。

「どちらとも友達だから、決められないということが分かった」

「最初はすごく迷って考えたけど、誕生日のほうが大事だと思ったし、自分で考えてから行くことが大事だと思った」

「いまでも意見は同じだけど、Aさんの、やまがらとうぐいすのどちらとも大切だという意見がいいなと思う」

「どちらとも友達だから、どちらが大切かは、どう考えても分からないのかもと私は思いました」

「友達だから、誕生日は行ったほうがいい。それにぼくがやまがらだったら悲しいです」

実際に、永田流道徳授業にチャレンジしてみて、明確になったことがあります。それは、1年生であっても「考え、議論する」道徳授業が本当にできる、そしてそういう道徳授業は、授業者である自分もおもしろくて仕方がない、ということです。

第5章

子供の姿から見えてくる生活科のミッション

低学年教育の刷新

平成29年3月に告示された新しい学習指導要領は、これまでにないほど「低学年における教育」（以下、低学年教育）を重視しています。

以下は、総則の規定です。

4　学校段階等間の接続

教育課程の編成に当たっては、次の事項に配慮しながら、学校段階等間の接続を図るものとする。

(1)　幼児期の終わりまでに育ってほしい姿を踏まえた指導を工夫することにより、幼稚園教育要領等に基づく幼児期の教育を通して育まれた資質・能力を踏まえて教育活動を実施し、児童が主体的に自己を発揮しながら学びに向かうことが可能となるようにすること。

また、低学年における教育全体において、例えば生活科において育成する自立し生活を豊かにしていくための資質・能力が、他教科等の学習においても生かされるようにするなど、教科等間の関連を積極的に図り、幼児期の教育及び中学年以降の教育との円滑な接続が図られるよう工夫すること。特に、小学校入学当初においては、幼児期において自発的な活動としての遊びを通して育まれてきたことが、各教科等における学習に円滑に接続されるよう、生活科を中心に、合科的・関連的な指導や弾力的な時間割の設定など、指導の工夫や指導計画の作成を行うこと。（傍点・筆者）

この規定から浮かび上がってくるポイントは次の２つ。

１つ目は、「幼児期の終わりまでに育ってほしい姿」を踏まえ、**1年生の入学当初にスタートカリキュラムの実施を義務化する**ということです。

平成27年1月には、国立教育政策研究所から「スタートカリキュラム　スタートセット」が配布され、その重要性とカリキュラム編成について周知されていますが、総則の規定はその延長線上に位置付くものです。

２つ目は、**低学年教育の刷新が求められている**ということです。

各教科等間の関連を積極的に図り、生活科を中核としたカリキュラムをデザインしていくには、低学年教育の独自性をしっかり理解する必要があります。これは、低学年を受けもつ教師のみならず、すべての先生方に求められる専門性のひとつだと考えることができます。

これまで、低学年教育と言うと、次のような声がよく聞かれました。

「初任者は、２年生あたりを受けもつのが一般的ですよね」

「1年生の担任は、ベテランの女性の先生のほうが安心感があります」
「男性の先生なのに低学年の担任って珍しいですね」
「低学年だけでなく、高学年も担任できないと、教師として一人前とは言えないですよ」

このような声の裏側にある考え方を尊重しつつも、私は次のようなイメージに変えていきたいと考えています。

○低学年教育に携わるためには、低学年教育の独自性に則った高い専門性を身に付けることが求められる。
○低学年教育・中学年教育・高学年教育は、どれがむずかしくてどれが簡単というものではなく、それぞれに面白さとむずかしさがある。
○低学年の子供たちは、教師が指導すれば素直に聞くかもしれない。だからこそ、その関わり方にむずかしさがあると同時に、面白さもまた併存する。

低学年教育の刷新とは、子供たちの学習の質的な転換とレベルアップです。ですから、何もかも新しくするということではありません。大切なことは、私たち教師が自信と誇りをもって低学年の子供たちの教育に携われるようにすることです。そのためのチャレンジであり、私たち教師が授業力を磨くチャンスだと考えています。

幼児期の終わりまでに育ってほしい姿

新しい幼稚園教育要領（幼保連携型認定こども園教育・保育要領、保育所保育指針も同様）は、「幼児期の終わりまでに育ってほしい姿」（いわゆる10の姿）を示しています。

①健康な心と体
②自立心
③協同性
④道徳性・規範意識の芽生え
⑤社会生活との関わり
⑥思考力の芽生え
⑦自然との関わり・生命尊重
⑧数量や図形、標識や文字などへの関心・感覚
⑨言葉による伝え合い
⑩豊かな感性と表現

これらの10の姿の実現を目指し、園などの保育者は子供たちの指導に当たります。そして、これは小学校教育において踏まえるべき姿でもあります。低学年におけるクラスや学年の傾向、一人一人の育ちを見取る際の視点でもあるからです。

そこで、ここでは具体的な活動場面を通じて10の姿をイメージできるよう、3枚のイラストを交えながら考えてみましょう。

1 砂場で遊んでいる子供たち

大きな山をつくって、その周りに川を掘り、水を流したいという目的に向かって、自分のやりたいことに夢中になって取り組んでいます。必要な道具を持ってきて、それを上手に使いながら、土を掘ったり運んだりしています。

「そろそろ水を流すよ！」

「ちょっと待って。もう少しでつながるから」

「あと3回くらいでつながりそうだよ！」

「せーの！」

こんな声も聞こえてきます。

川に水が流れ、喜んだのもつかの間、水はすぐに染み込んでしまいました。

「すぐになくなっちゃったよ！」

砂場で遊んでいる子供たち

「どこに行っちゃったんだろう」

「もう一回やってみようよ！」

「僕が水をくんでくるね！」

子供たちは、繰り返し試そうとしています。


この情景から、たとえば「こんなふうにしたい」という共通の目的の実現を目指す子供たちが、友達と協力しながら工夫して取り組む姿を見取ることができます。【③協同性】

その際、非言語的なコミュニケーションも多くありますが、5歳児にもなれば、言語的なコミュニケーションも充実してくるでしょう。【⑨言葉による伝え合い】

すぐにはうまくいかずとも、諦めずにやり遂げようとしたり、何度も挑戦したりする姿もあります。【②自立心】

砂遊びという活動に没頭することを通して、砂や水の性質に気付いたり、数の認識も育ったりしています。【⑦自然との関わり・生命尊重、⑧数量や図形、標識や文字などへの関心・感覚】

2 劇ごっこをしている子供たち

読み聞かせで見た絵本がきっかけとなって、劇ごっこがはじまりました。

劇ごっこをしている子供たち

「私がここから出てくるから、Aちゃんはそっちから来てね」

「分かった！じゃあはじめるよ。よーい、スタート！」

…子供たちの劇ごっこに、決められた台本はありません。それでも、自分のやりたいことや友達の様子から、即興的に劇が進んでいきます。


しばらくすると、衣装や道具がほしくなってきたようです。工作ができるコーナーに行って、空き箱や段ボールを使って道具をつくったり、いつも遊んでいるごっこ遊びの道具から使えそうな衣装を選んだりしています。

「わー、本物みたい！」

「もう一回やってみようよ！」

「いいこと考えた！　次は、チューリップ組さん（3歳児クラス）に見てもらおうよ」

次々とアイデアが湧いてきます。子供たちは、チューリップ組の先生のところへ、お願いに行きました。


ここでは、劇という方法で表現すること自体を楽しみながら、想像したことや感じたことなどを自分の言葉や身振りを使って表現したり、その喜びを味わったりしています。

【⑩豊かな感性と表現、⑨言葉による伝え合い】


劇ごっこが発展するにつれて、必要なものを自分でつくったり選んだりすることや、誰かに見せたいという新しい目的をもって園内の人々と関わることも行われていきます。

【②自立心、⑤社会生活との関わり】

もし、教師によってあらかじめ決められた台本に沿って練習するだけの活動であったなら、生まれることがむずかしい姿です。すなわち、身近なことをきっかけにして、自分の「思いや願い」を実現しようとするプロセスを経るからこそ生まれる姿だと言えるのです。

3 散歩をしている子供たち

近くの公園に散歩に来ています。ちょうど花見の時期なので、風が吹くと花びらが舞い、「ひらひらしていて、きれい！」「ピンクのシャワーみたいだね」「キャッチするぞ！」「あっとれた！見て見て、ハートの形だよ」と、子供たちは大喜び。

遊び疲れてしまった帰り道では、歩く順番を抜かしてしまった子がいたようで、ちょっとした揉めごとが起きていました。

「抜かしちゃいけないんだよ！」

「だって、チョウチョが飛んでいて、捕まえたかったんだもん！」

「でもだめなことはだめなんだよ！」

「…もうしないからね。ごめんね」

散歩をしている子供たち①

散歩をしている子供たち②

「いいよ。一緒に帰ろう」

先生が見守りながら、子供たちは子供たち同士で解決していきました。

疲れて、歩けなくなっている友達には、「あと少しだよ！」「給食が待っているよ！」と励ます子もいます。

ここでは、花びらの特徴を捉え、知っているものに喩えています。喩えるということは、何かと何かを関連付ける思考の働きです。また、花びらの様子を、擬態語を使って表現することで、体験を通した表現力や語彙力も育っていきます。【⑥思考力の芽生え】
いざこざの解決場面では、言葉を使って自分の思いを伝えたり、友達の考えを聞き入れたりすることを通して、自分の行動を振り返ったり、きまりを守ることの大切さを考えたりしています。【④道徳性・規範意識の芽生え】
また、公園での活動やその行き帰りに歩くことから、健康な心と体をつくったり、見通しをもちながら、最後までやり遂げたという達成感を味わったりもしています。【①健康な心と体、②自立心】

3つのイラストと10の姿を重ね合わせることで、「ただ、遊んでいるだけ」では決してない、園などでの学びや生活の実態、その価値が透けて見えてきます。

10の姿は、保育者に支えられながら、子供同士が互いに関係し合うなかで生まれるものです。遊びや生活といった総合的な活動を通じて、子供たちは様々な面から学び育っているからです。

このような総合的な活動に没頭する幼児の姿をモデルとして、いかに子供の学びと育ちを見抜くか、それいかんで1年生の子供たちへの捉えが根本的に変わります。このような力量形成を、新しい学習指導要領は私たち教師に求めています。

＊

第3章においてスタートカリキュラムの具体について触れましたが、特に「のんびりタイム」「なかよしタイム」といった遊びを中心とする活動を充実するに当たって、教師が果たすべき役割のヒントになるのが、ここで紹介した10の姿です。

「この子は、10の姿のうち①がとても育っているから、もっと伸ばしていきたい」

「クラスとして、②の部分が弱い気がするから、意識的に声をかけていこう」

そんな捉えで子供たちへの指導を創意工夫すれば、やがて誰の目にも明らかなくらい、子供自らが自分のもてる力を思う存分に発揮する姿と出会えるようになるでしょう。

生活科の目標のアップグレード

ここまで、「幼児期の終わりまでに育ってほしい姿」を手がかりに、園などの遊びや生活のなかで、子供たちがどのように学んできているかを考えてきました。

幼児期にたっぷりと学んできている子供たち。（個人差はあるものの）その学びをどのように生かしていけばよいのかという視点に立てば、おのずと小学校教育におけるスタートラインが変わります。

そして、このことは、学習指導要領で規定された生活科の教科目標の改訂にも如実に表れています。

生活科の教科目標

【平成20年告示】

具体的な活動や体験を通して、自分と身近な人々、社会及び自然とのかかわりに関心をもち、自分自身や自分の生活について考えさせるとともに、その過程において生活上必要な習慣や技能を身に付けさせ、自立への基礎を養う。

【平成29年告示】

具体的な活動や体験を通して、身近な生活に関わる見方・考え方を生かし、自立し生活を豊かにしていくための資質・能力を次のとおり育成することを目指す。

(1) 活動や体験の過程において、自分自身、身近な人々、社会及び自然の特徴やよさ、それらの関わり等に気付くとともに、生活上必要な習慣や技能を身に付けるようにする。
(2) 身近な人々、社会及び自然を自分との関わりで捉え、自分自身や自分の生活について考え、表現することができるようにする。
(3) 身近な人々、社会及び自然に自ら働きかけ、意欲や自信をもって学んだり生活を豊かにしたりしようとする態度を養う。
(傍点筆者)

現行の規定と改訂の規定のうち、特に注目したいことがあります。それは、「自立への基礎を養う」という文言が、「自立し生活を豊かにしていく」へと変わったことです。これは一見すると、生活科が創設された平成元年からおよそ30年もの間、ずっと変わらず継承されてきた、教科としての目指すべきゴールイメージそのものが変更されたかのように見えます。


生活科は、「よき生活者」としての資質・能力を養う教科です。このことは、平成20年版の『小学校学習指導要領解説　生活編』を読めば一目瞭然です。

「自らよりよい生活を創り出していくことができる」

「前向きに生活していくことができる」

など、生活を豊かにすることへの直接的な教育的関与について示唆されています。

しかし、学習指導要領本体の規定のうちに、「よき生活者」たる直接的な記述はありませんでした。この点に着目すれば、「自立し生活を豊かにしていく」という文言となったのは、決して目指すべきゴールイメージそのものが変わったわけではないことが分かります。むしろそのゴールに向けて、これまでよりもずっと力強く進んでいけるようにアップグレードしたのだと読み取ることができるのです。

つまり、**「自立への基礎を養う」という生活科の究極的な目標は、「自立への基礎」から「自立」へ、そして「自立し生活を豊かにしていく」というレベルまで引き上げられた**ということです。これは、本書の冒頭でも述べたとおり、低学年の子供たちがそもそももっている力は大人の想像を超えている、このことを踏まえたアップグレードであると考えることができます。

さらに、その考え方の背後には、「幼児期の終わりまでに育ってほしい姿」の②に「自立心」が含められていることと無縁ではありません。

そこで、ここからは子供の具体的な姿から、自立し生活を豊かにしていく生活科を通じて、学びに向かって突き進む子供たちを育てる可能性について考えていきましょう。

1　秋と遊ぶ単元での子供の姿

9月、秋と遊ぶ単元では、生活科の授業の中で校庭の秋見付けを繰り返すにつれて、日常生活でも秋への関心を高めていきました。それは、子供たちの日記にもよく表れていました。

「私は多摩川台公園で、パパと一緒にどんぐりと緑のどんぐりをいっぱい拾いました。またどんぐりとまつぼっくりをたくさん集めたいです」

「10月1日に埼玉に行って、コスモス街道に行きました。コスモス街道には、コスモスがいっぱい咲いていていてきれいでした。帰る途中、どんぐり帽子を見付けました」

「今日学校の帰り道に、ヒガンバナを見付けました。20個見付けて、まだ1個だけ咲いてなかったけれど、そんなに咲いているなんて思いませんでした。すごくきれいでした」

登下校のときに秋を見付けて楽しんだり、休日には家族を誘って秋を探しに行ったりする姿が目に浮かびます。

2　家庭生活に関わる単元での子供の姿

この単元は、家族がにっこりするような作戦を考え、実践し、振り返って次につなげる学習です。

Aさんは、6回の作戦を通して、毎朝自分で起きることや食事をてきぱきと食べること、家族で一緒に公園へ行くこと、手伝いをすることなどに取り組んできました。単元の終わりには、次のように振り返っています。

「お母さんは、自分のことだけでなく、私たちのこともやっていることにだんだん気が付いていって、自分のことをしっかりとやることもにっこりにつながることが分かった」

それに加えて、Aさんの保護者が、次の記述を寄せてくださいました。

「実は毎日当たり前のようにたくさん手伝ってくれていて、私もにっこりして、『ありがとう』と言わなきゃいけないな、と思いました」

これまで以上に豊かな家庭生活が営まれることが期待できると思います。

3　野菜を栽培する単元での子供の姿

このクラスでは、1年生のときにアサガオを栽培した経験を基に、2年生では野菜を育てたいという「思いや願い」をもちました。

育ててみたい野菜を出し合い、自分たちで考えた条件を使って整理し、7種類に絞り込みます。この7種類から、自分が育てたい野菜を選び、自分の植木鉢に種を蒔きました。

1週間ほど経ち、まず芽が出てきたのは、キュウリ、インゲンマメ、エダマメでした。数日が過ぎると、ミニトマトの小さな芽も出てきました。Bくんが選んだ野菜は、ピーマン。Bくんは、登校後や休み時間には欠かさず様子を見て水やりをしたり、朝の会や帰りの会では、次のように発言したりしています。


「僕のピーマンは、まだ芽が出ていなかったので、帰りにもう一度見てみます」

「明日は絶対に芽が出ているといいと思います」


植木鉢を下から覗き込み、「種が落ちちゃっているんじゃないかなあ…」と、心配しているときもありました。自分で選び、自分で決めた野菜なので、期待も心配も大きいのです。Bくんに限らず、多くの子供たちの生活の中心が野菜の栽培になっていきます。

＊

このような子供たちの姿は、これまでの実践でも見られる姿だったと思います。こうした姿を、「自立し生活を豊かにしていく」という目標に向かうように捉え直して、授業を改善することが問われます。いままでよりももっと子供の姿を大切にしつつ、より意図的・自覚的に価値付けたり意味付けたりすることが求められるのです。

また、「自立し生活を豊かにしていく」という文言にある「生活」とは、学校での生活に限るものではありません。家庭での生活や地域での生活も含まれます。そうした「生活」全般にわたる学びの橋渡しとなるキーマンが、実は保護者です。

生活を通じた子供たちの学びが豊かになるためには、保護者自身が生活科での学びの有用性を理解して納得し、自ら協力しようという意欲をもってもらえるようにすることが重要です。

そのような保護者の理解を勝ち取る手助けとなるのも、具体的な子供の姿です。「学級だより」などを通じて、我が子の学びはどのような価値をもっているのかを、その子の姿を通して伝えることができれば、次第に次のような声が聞かれるようになります。

「私の子供のころにはなかった生活科の授業。最初はいまひとつピンとこなかったのですが、家族との関わり、自然との関わりなど、他の教科ではなかなか学ぶことのできないことを学ぶ素晴らしい教科だなあと感じました」

「机の上だけでの学びではなく、体験と経験を通して感じること、得るものが子供たちには必要だし、大切だなと改めて感じることができました」
「生活科は素敵な教科ですね。理科と社会を足したようなものと思っていましたが、諸感覚をフルに使ってとても興味をもたせる低学年にぴったりな教科だと感じました」

生活科の保護者応援団を得た教師は、子供たちの学びと育ちの可能性をよりいっそう広げてゆける実践にチャレンジできるようになります。

中学年以降の教育との円滑な接続

新学習指導要領の総則では、中学年以降の教育との円滑な接続について、次のように定めています。

> 低学年における教育全体において、例えば生活科において育成する自立し生活を豊かにしていくための資質・能力が、他教科等の学習においても生かされるようにするなど、教科等間の関連を積極的に図り、幼児期の教育及び中学年以降の教育との円滑な接続が図られるよう工夫すること。
>
> （傍点・筆者）

この規定を踏まえ、ここでは、生活科における学習活動が、たとえば理科、社会科、総合的な学習の時間とどのようにつながっていくのか、「見方・考え方」の素地という観点から、「中学年以降の教育との円滑な接続」について考えていきます。

1　野菜を栽培する単元での子供の姿

前節でも紹介したとおり、私の学級では、7種類の野菜から自分で選んだ野菜を育てる実践を行っています。野菜の種類ごとに発芽の時期が異なることが、この実践のミソです。

発芽の一番乗りは、キュウリ。

キュウリを選んだ子の植木鉢で、次々に芽が出てきます。すると、ほかの野菜を選んだ子供たちは焦りはじめます。「わたし（ぼく）の芽はどうして出てこないのだろう」と首をひねります。そんなある日の朝の会で、Aくんが次のように発言しました。

「ぼくのミニトマトは芽が出ていなくて焦っちゃったけど、同じミニトマトの種を植えたBさんの植木鉢を見たら芽が出てなかったから、ミニトマトは芽が出るのが遅いんだと思いました」

私はその発言に驚きました。なぜならば、この発言をするには、Aくんのなかで思考と行動を行き来する、次のようなプロセスを経なければならないからです。

①自分の芽が出ないことに焦りながらも、自分が選んだ野菜と同じ子の様子と比べることを思い付いたこと。
②実際に比べたら自分の芽と同じように芽が出ていないことに気付いたこと。
③さらに自分の気付きを関連付けて「もしかしたら、野菜が違うと早く芽が出るものと、そうでないものがあるのではないか」と自分なりの仮説を立てたこと。
④自分のなかでの学びの深まりにとどまらず、その考えをみんなの前で表現して、自分の気付きをみんなと共有したこと。

まさに、新学習指導要領が求める「気付きの質」を高める学びであり、Aくんのなかで新たな概念が形成された姿だといえます。これは、これまでの学習で身に付けたことをもとに考え行動している、すなわち「見方・考え方」を生かす姿でもあります。

こうした気付きの質の高まりの連鎖が、中学年以降の「理科の見方・考え方」の素地となることは疑いようがありません。

ここでもうひとつあげておきたいことは、たとえ低学年であっても、このような豊かな学びが確かに生まれるんだということです。そうした**子供の学びの姿に私たち教師自身が気付き、拾い上げ、次の学びにどうつなげていけるか、このあたりによりよい授業改善の方途が隠されている**ように思います。

＊

実をいうと、Ａくんが自ら気付きの質を高めていけた裏側には、次の内幕があります。このころ、子供たちは、朝登校すると真っ先に水やりをしたり、芽の様子を見たりすることが、１年生のアサガオの栽培のときからの習慣になっていて、野菜の栽培のときも同じでした。

私も毎朝、植木鉢の近くで子供たちの登校を出迎え、芽の様子や世話をする様子を見たり、子供たちの報告を聞いたりしていました。

「僕のキュウリの芽が出たよ！」という声を聞けば、「本当だね！嬉しいね」と共感的に言葉を返す、近くにいる子供たちには「ほかにキュウリを育てていたのは誰だっけ？」と問いかける（振り返らせる）、同じ野菜を育てている子とつなぐ、「ナスはどんな感じ？」「インゲンマメの芽と同じ形？」などと違う野菜の様子と比べることを促す、こうした声かけを心がけていました。

朝の会や帰りの会でも、野菜の様子が次々に報告されるので、私はそれを聞きながら、模造紙に野菜ごとに記録していました。そして、誰の芽が出たのか、どの野菜の芽が出

資料　子供一人一人の野菜の成長の様子をまとめて掲示（見える化）

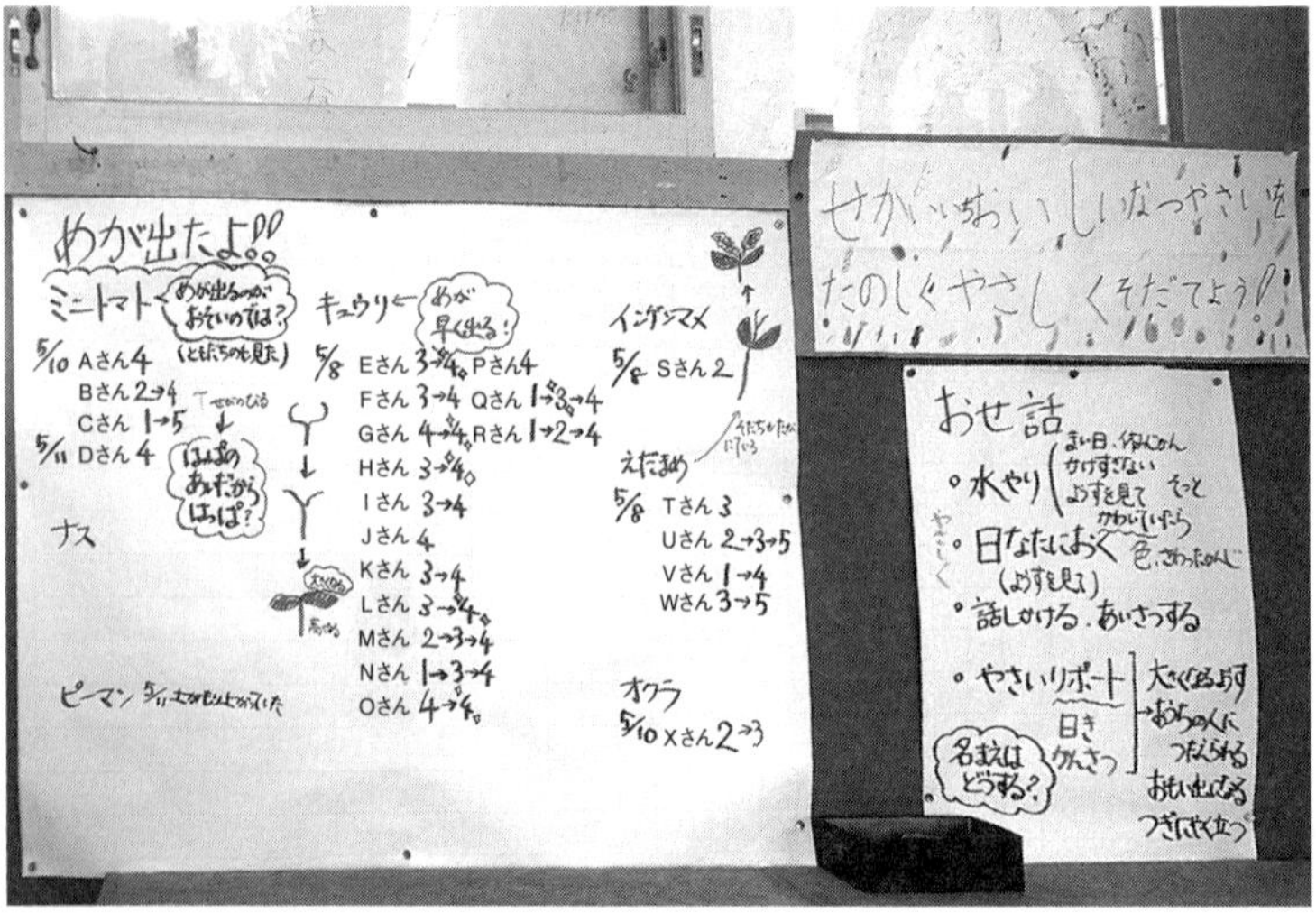

たのか、芽が出たのはいつか、色や形はどのような様子かといったことが、野菜ごとに分かるよう教室内に掲示し、野菜の様子を可視化していました（資料）。

こうした仕掛けの積み重ねが、子供一人一人が自らの気付きの質を高める手助けとなるのだろうと思います。

2　地域を探検する単元での子供の姿

冬が到来して間もないある日、「もう一度、町探検がしたい」という声が子供たちからあがりました。秋に一度、地域を探検したり身近な商店の人々にインタビューしたりしたことが思い出されて、「冬になったら、何か変わってるのかな？」と疑問をもった様子です。そこで、町探検にもう一度出かけることにしました。
　すると、次のような様々な視点（見方）からの気付きが生まれました。
①自然に関する気付き
「太郎山公園の滑り台の近くの木の葉っぱが1、2枚しかない」
「柳原神社でイチョウが黄色じゃなくて上が緑で下が茶色だったから、下の方が冬に見えた」
「カラスがゆすったぐらいで葉っぱが落ちた」
②商店の様子の変化への気付き
「パンのつるまきさんにサンタが飾ってあった」
「八百屋さんで白菜が売っていた」
「よしだやさんで手袋がいっぱいおいてあった」
③地域の生活の様子の変化への気付き
「自動販売機にジュースじゃなくて、おしるこやコーンスープとかご飯系のものがあった」
「商店街でコートやマフラーをしている人が多かった」
　子供たちは、秋の町探検や日常生活での経験を基に、冬と秋の自然の様子の違いを「時期や時間の経過」という視点（見方）に着目して比較したり、地域の生活の様子の違いを「事象や人々の相互関係」という視点（見方）に着目して関連付けたりして、彼らなりに感じ取った事象の特色や意味を理解しようとしていました。

こうした「見方・考え方」は、まさに社会科における「社会的事象の見方・考え方」の素地を耕している姿だといえるでしょう。

3　生活科の学び方が自覚的に分かっている子供の姿

2年生になって最初の生活科の授業では次の取組を行っています。

①隣の席の友達とペアになって1年生の生活科の思い出を振り返る。
②振り返りをもとに、1枚の画用紙を使ってイメージマップにまとめる。
③イメージマップにまとめたことをどんどん発表し合う。

子供たち全員が発言できるようにします。すると、黒板には1年生のときの生活科の思い出がぎっしり。そこで、今年は次のように問いかけてみました。そのクラスはもちあがりではなく、クラス替えで集まった2年生だったので、1年生のときの様子を知りたかったのです。

「1年生のとき、生活科ってどんなふうに勉強を進めていたの？」

すると、次のような発言が数多くありました。

「自分で考える」

「自分たちで決めていく」

「自由なのが楽しい」

「答えはないから、自分で見付けないといけない」

「自分から意見を言わないとはじまらない」

「国語や算数みたいに、今日はこれ、明日はこれって変わっていくんじゃなくて、一つのことを長くやって、広がっていく」

4つのクラスから集まった子供たちにもかかわらず、どの子からも生活科の学び方についての共通する考えが聞かれました。普通はなかなかないことです。実は、この背景には次の取組があります。

彼らが1年生のときに、4クラスの担任が集まる定例会（学年研）を設定し、「どうやって生活科の授業を進めていこうか」とミーティングを重ね、共通理解を図りながら実践を重ねてきたのです。子供たち側からすると、自分たちで見通しを立てたり振り返ったりするトレーニングを積んだことで、2年生でクラス替えがあっても、学び方への子供たちのイメージがブレないのです。

このように、生活科の学び方を的確に自覚的かつ発言できる力（表現力）、お互いの発言を確認し合いながら次の学習に生かしていこうとする姿は、総合的な学習の時間における「探究的な見方・考え方」の素地となります。

学年研のポテンシャル

前節で述べた定例会（学年研）が生まれたのは、次のような経緯があります。

ある年、ある女性教師が「自分を変えたい」と言いだして、1年生の担任に志願したそうです。その先生は、生活科の授業改善に並々ならぬ思いをもっていて、自分の実践で疑問に思ったこと、不安に思ったことを学年にもってきて、よく相談していました。「それだったら、学年会とは別に会合をつくって定期的にミーティングしましょうか」という話になり、スタートしたのが学年研です。

これが、思いも寄らない成果につながりました。

その年の1年担任は、（私を含め）若手男性教師2名、ベテラン女性教師2名の構成でした。自分たちの課題をもちより、主に「思いや願いを膨らませる生活科の授業をどうつくっていけばよいか」「子供たちにはどのような学び方を身に付けていってほしいか」について、「ああだ、こうだ」と対話を重ねていました。そうするうちに、私たち4人は、自分たちの力量が少しずつ向上していく手応えを感じるようになりました。これは、間違いなく学年全体のレベルアップです。

　しかし、一番の成果は、ほかのことにあります。それは、**たとえクラスや一つ一つの学習活動が違っても、1年生の子供の学びの姿、学び方のベクトルを一致させることができた**ことです。すなわち、前節でも紹介したように、学年が上がってクラスが変わっても、4月当初から、前学年で培われた学びの文化の違いを摺り合わせる必要はなく、すっと学習に入っていけたのです。これは、私たち4人が共通理解し、育もうとしていた学び方を子供たちが身に付けていたことにほかなりません。

　6年間一度もクラス替えのない特殊な学校もありますが、多くの学校では1年、ないしは2年ごとにクラス替えが行われます。そうすると、前学年で肯定されていた事柄が、クラスが変わることで引き継がれないことがしばしば起きます。

　前学年までの学びの文化が1クラス内に複数併存してしまうと、「あちらを立たせば、こちらが立たず」という状況が頻発します。それを打開することはむずかしいため、新しい担任の先生の流儀でいったんリセットせざるを得なくなることが多いと聞きます。

　その結果、再びゼロベースで学びの文化をつくっていかなければなりません。すなわち、せっかく子供たちが積み上げてきたものが生かされないのです。結果論ですが、「こうした課題をどう乗り越えていくか」という問いに対する答えを、私たちは学年研に見いだしたのです。

そこで、2年目は、学年会では「学年運営という観点からのマネジメントについて」、学年研では「徹底して授業づくりについて」語り合う場にしようという取組を、中学年や高学年においても設けることにしました。

まさにこうした取組こそ、チームで授業をつくっていくど真ん中だという気がします。「授業づくり」というと、どうしても教師個人の「個の力」がクローズアップされがちです。子供たちに対しては「学び合いが大切」と言いながら、先生のほうは孤軍奮闘というのでは、何かしら矛盾のようなものを感じます。これからの時代を生き抜く力を子供たちに付けさせるというとき、やはり教師の「個の力」に頼るだけでは太刀打ちできないと思うのです。

もちろん、1学年1クラスという学校も少なからずあるので、一概には言えない面もありますが、それならば2学年合同の学年研にするなど、工夫の余地はあると思います。たとえ学年が違っても、「どのように学ぶのか」という学び方や学ぶ姿勢は通底するように思うからです。いずれにしても、やはりチームとしての教師同士の同僚性の重要さを痛感します。

ただし、ここで留意したいことは、教師として同じ性質の力量を同じ分だけ一律に向上するものではないことです。先生方一人一人異なる個性がある以上、それぞれに向上し得る伸びしろは異なるからです。

そうした相違が教師間で許容されていて、お互いに足りないところを学年研で補完し合ったり伸ばし合ったりしていければ、教師自身が楽しい学びの渦中にいられます。そして、それが子供たちの学びに還元されるという、いい循環が生まれるのだろうと思います。そのような意味では、教師同士が学び合う方法に幅がある学校でありたいと思います。

この数年、「〇〇スタンダード」などと称して、学校や自治体でスタンダードをつくるのがはやりだと聞きます。ある区でも同様の趣旨の決めごとをつくって、授業の流し方を全部統一させようとしていると聞きました。それを全部が全部否定するつもりはないのですが、私は教師としての矜持として、どうしても好きにはなれません。

授業を型に流し込むという発想で考えてしまうと、どこかで頭打ちになると思います。なぜならば、子供のほうも高学年になるにつれて、流し込みのパターンが読めてくるから、見た目には教師の言うとおりに動いているのだけれど、頭のなかはちっとも動いていない、まさに手続きとしての授業となる危険性があるからです。

ですから、**学校として、学年として、教師として、信念や目指す学びのベクトルを一致させる、その一方で、そこに到達する道筋や方法は教師それぞれに委ねることが、教師同士のよりよい「学び合い」を実現する**のだと思うのです。本書でも、次章で本校の「ガイドライン」を紹介していますが、これはあくまでも信念や目指すベクトルを一致させるためのものであって、「〇〇スタンダード」のように方法を縛るものではないのです。

*

「中学年以降の教育との接続」というと、「どのようにカリキュラム（内容）をつないでいけばよいか」と指導計画ベースで考えがちです。それはそれで大切なことなのですが、それがペーパーにまとめただけで終わってしまうなら、実質の伴わない「接続」となってしまうでしょう。

ここで一番考えたいことは、具体の子供の姿を通して接続を捉えていくという発想です。このように考えれば、理科や社会科、総合的な学習の時間の学習を先取りして生活科に組み込むことが「接続」なのではないということにも気付けます。

子供たちの「思いや願い」を出発点として、その実現を目指す生活科の特性と可能性。その本質を踏まえた授業を行っていきさえすれば、結果として理科の見方・考え方、社会的事象の見方・考え方、探究的な見方・考え方が、素地（芽）として子供たちのなかに育まれます。そして、このことは、「学び方を学ぶ」ことと背中合わせです。

そうであるからこそ、子供のなかでどのような学びが生まれているのか、その学びを見取る力が、これからの教師にはますます求められます。子供の学びと育ちを見取り、意図的・自覚的に価値付ける、意味付ける、こうした教育行為の繰り返しが、「中学年以降の教育との円滑な接続」につながります。のみならず、中学年以降の学びに向かう子供、学びに向かう学級が育まれていくのだと私は思います。

第6章

学びに向かう1年生を育む生活科の授業づくり

授業をつくりあげる教師の能力―「行為」と「思考」

ひとつの授業をつくり上げるとき、教師にはどのような能力が求められるのでしょう。

私は、3つの「行為」と、それを支える3つの「思考」に分類して考えています（本稿は、筆者が中心となって作成した生活科教育研究会第26回全国大会基調提案『響き合う生活科授業の創造』をもとに執筆）。

ここでは、生活科の授業に焦点化して紹介したいと思います。

■授業をつくりあげる教師の行為

〈「デザイナー」としての行為〉 生活科の授業が連なった単元や年間カリキュラムなどの大きなデザインを描く。

〈「コーディネーター」としての行為〉 主に1単位時間の生活科の授業の展開を事前に考え、必要な学習環境などを整える。

〈「ファシリテーター」としての行為〉 活動に取り組む子供の姿を見取って即興的に判断し、豊かな関わりが生まれるように、適切に支援する。

■教師の行為を支える思考

〈見取る思考〉体験の様子や表現した言葉などを的確に把握し、その意味や関係性を解釈する。

〈見通す思考〉解釈したことを基にして、この先にどのような学びと育ちがあるかを想定する。

〈見定める思考〉想定したことを基にして、どのような行為が子供にとって適切かを判断する。

「行為」の3つ、「思考」の3つは、それぞれ独立したものではなく、相互に連関し合う関係性があります。また、「行為」と「思考」に順序性はありません。一体的に行われる場合もあれば、相互に行き来することもあります。

そのような意味で、ここでいう授業をつくりあげる教師の能力とは、それ自体が真なるものとして定義付けるものではなく、次の2つを目的とする手法です。

①授業をつくるうえで困ったり悩んだりしたときに、自分の指導を振り返るための視点
②子供たちのエピソードを分析するうえでの切り口

ここで、次のエピソードをご覧ください。

〈エピソード〉泥遊びが広げたアリサの世界

園のときに砂遊びの経験があまりなかったアリサ（仮名）は、夏の遊びの単元がはじまったころは、集団から一歩離れたところで、恐る恐る泥団子をつくりながら、友達が体全体を使って楽しそうに遊ぶ様子を見ていた。

〝仲間に入って一緒に活動ができれば〟と考えた私は、「一緒にやろうよ！」と誘ったり、途中までつくった泥団子を渡そうとしたりしたが、首を振るだけだった。

翌日、意外にもアリサは、家からサンダルをもってきて、４人ほどの集団のなかに入り、泥団子の材料となる泥を友達と一緒にこねはじめた。この後、どうなるのかとわくわくしながら見守っていると、アリサはこねていくうちにそれ自体が楽しくなったのか、手のひらから腕までを泥まみれにしながら、泥の感触を楽しみ続けた。

次の時間になると、８人ほどの集団のなかで、足湯をつくるために穴を掘ったり、掘った土で山をつくったりするようになっていった。

普段は、仲よしの友達としか活動しようとしない様子が多く見られたので、同じ目的を共有した友達と一緒に活動している姿を嬉しく思いながら見守った。

砂遊びというアリサにとって未知の世界に一歩一歩進み、対象と一体化しながら遊びに夢中になり、さらには友達の輪も広げていく様子が見られた。

事象としては、教師が直接的に関与しようとしても首を振るばかりのアリサさん、固定化した友達としか関係を取り結べなかったアリサさんが、泥遊びを通じて、これまで積極的に関わろうとしなかったクラスメートと一緒に活動しはじめることを通して、自分の生活するエリア（視界）を広げていった姿が見て取れます。

この背後には、教師による次の働きかけがあります。

①子供たちの思いや願いを砂場マップにまとめて掲示した。
②砂場マップに名前シールを貼ることで授業の導入の簡素化を図った。

「教師の行為」の1番目に挙げた「デザイナー」としての教師は、単元レベルでは全体の活動の展開を見通すことはできていました。しかし、アリサさんという1人の子供が成長する姿までは見通すことができておらず、そのことに気付いてさえいませんでした。

単元のはじめに見せた（クラスメートと関わろうとせず、教師の直接的な関与にも否定的だった）アリサさんの消極的な様子に焦りを感じた教師は、「教師の行為を支える思考」の3番目の見定めを誤り、アリサさんにとって必要だったファシリテートに失敗しています。

しかし、この失敗を糧にして、今度は直接的な関与から間接的な関与に切り換えます。具体的には次の働きかけ（コーディネート）です。ただし、授業者一人で考え出したわけではなく、様々な先生方から指導や助言をもらいながらの試みでした。

③活動時間を確保するために2～3時間続きの時間割とした。
④スムーズに終わりを迎えることができるよう、子供たちの好きな曲をかけた。

翌日、アリサさんが家からサンダルをもってきたのを見かけた教師は、前日の姿とのギャップに驚くものの、今日は友達と一緒に友達ができるのではないかと見通して、見守るという行為を選択しています。実際に、アリサさんは、泥で汚れることもお構いなしに、泥をこねることを楽しむことができていました。

また、固定化した仲よしの友達としか活動できない面を課題だと感じていた教師は、単元の後半で、「足湯をつくりたい！」という共通の目的を共有した者同士で活動を進めていく姿から、アリサさんの成長の姿を見取っています。

この事例から分かることは、教師の「行為」とは、授業改善を行う「視点」を含むものであること、その視点を明らかにするには、実践を通して見えてくる子供の姿からキャッチする「思考」が必要となることです。

自分の授業をデザインすること（カリキュラム・デザイン）はとても大切なことですが、実践を通して現れる子供の姿を見取って（見通して／見定めて）、適切に軌道修正を試みること（カリキュラム・マネジメント）があってはじめて「いい授業」が生まれるのだと思います。

こうした考え方に基づいた取組は、授業改善への課題だけでなく、教師としての成長の気付き、自信をもたらしてくれるでしょう。

生活科の「見方・考え方」

新学習指導要領では、次のように生活科の教科目標を定め、新たに「見方・考え方」という文言を新設しました。

> 具体的な活動や体験を通して、**身近な生活に関わる見方・考え方を生かし**、自立し生活を豊かにしていくための資質・能力を次のとおり育成することを目指す。（太字・筆者）

「資質・能力」「主体的・対話的で深い学び（アクティブ・ラーニング）」「カリキュラム・マネジメント」など、学習指導要領改訂に当たっては、様々なキーワードが世に打ち出されましたが、改訂の最後のピースと言われているのが、この「見方・考え方」です。

教育現場からは、「深い学び」と並んでイメージしにくいキーワードの代表格とも言われますが、この「見方・考え方」をどのように理解し、実践に結び付けていくかによって、1年生の学びと育ちが大きく変わると私は考えています。

新しい「小学校学習指導要領解説　生活編」（平成29年6月に文科省ウェブサイトで公開）では、「身近な生活に関わる見方・考え方」について次のように記しています。

身近な人々、社会及び自然を自分との関わりで捉え、よりよい生活に向けて思いや願いを実現しようとすること

また、他教科等では、見方・考え方を「働かせ」ることとなっている文言が、生活科では「生か」すことと定められた趣旨は以下のとおりです。

児童自身が既に有している見方・考え方を発揮するということ
その学習過程において、見方・考え方が確かになり、一層活用されること

「自分との関わり」「思いや願いの実現」は、生活科の特質として従来からも大切にされてきたことです。これが「見方・考え方」として位置付いたことによって、生活科の固有性がより明確になったと考えることができます。

各教科等における「見方・考え方」をどのように生かす（働かせる）かは、授業改善の要とも言われています。そのために必要なことは、「身近な生活に関わる見方・考え

方」を生かして学んでいる子供の具体的な姿を、教師がどれだけイメージできるかにあると思います。

そのため、生活科においては、「見方・考え方」だけでなく、「考え方・見方」という捉え方を私はもっておくようにしています。というのは、「よりよい生活に向けて思いや願いを実現しようとすること」が、「身近な人々、社会及び自然を自分との関わりで捉え」ることの必然性を生み出すと考えるからです。

低学年の子供たちの特質を考えれば、身近な環境を自分との関わりで捉えることは自然なことです。しかし、その段階に留まっていると、「見方・考え方が確かになり、様々な場面で生かす（働かせる）」までには届かないように思います。

自分との関わりで捉えるからこそ思いや願いが生まれ、それを実現しようとする、そのことが、よりいっそう自分との関わりを深めていくという「考え方・見方」という逆向きの捉え方とセットで考える必然性がここにあります。

ここでは、アサガオの栽培単元を例に考えていきます。

この単元では、子供たちは、自分のアサガオに「大きく育ってほしい」「花が咲いてほしい」という思いや願いをもちます。その実現に向けて活動を進めていくことが、よりよい生活であり、生活科の「考え方」を生かしていることになります。

「今日は、ぼくのアサガオの芽は出ているかな」

「昨日、支柱を立ててあげたから、巻き付いているといいな」

「昨日のつぼみは、どうなっているかな」

自分のアサガオの変化を楽しみにする、その成長の様子に目を見張る、こうした思いを友達や家族に伝え、共感し合える、それ自体が1年生の子供たちのよりよい生活そのものとなるからです。

この実践をしていて、つくづくおもしろいなぁ、と思うことの一つに、子供たちの「つぼみ」に対する解釈があります。

毎年、双葉が出てしばらくすると、「つぼみが出ているよ！」と報告する子がちらほら現れます。本当は、双葉の間から出はじめている「本葉」なのですが、その子たちには「つぼみ」に見えるのです。これは、単なる間違いにすぎないのですが、私には「早く花が咲いてほしい」という子供の強い願いが、「つぼみが出た」と言わせている、つまり、生活科の「見方」を生かしている姿だと思えるのです。

そこで、私は「違うよ。それはつぼみじゃなくて、本葉と言うんだよ」とは言わないようにしています。「へぇー、そうなの？　それは大きくなるのが楽しみだね」とさらっと言っておきます。

子供のほうは、こうした教師の対応を「自分の発見に共感しながら受け止めてもらえた」と感じ、よりいっそう活動にのめり込んでいきます。教師のほうは、これから生まれるであろうその子の気付きを楽しみに待つことにします。

また何日かすると、その子たちがこんなことを言い出します。

「先生、おもしろいよ！　つぼみだったのが、葉っぱになっちゃった！」

「きっと最初のは、つぼみじゃなかったんだ…」

まさに、最初の発見が誤りであったことに気付き、子供自身の学びになった瞬間です。きっと子供たちは、自分の発見を共感的に受け止めてもらえたことで、期待をさらに膨らませ、毎日丁寧に自分のアサガオを観察し続けていたのでしょう。これは、実感の伴う確かな認識をもつに至ったと姿だと考えることができます。

この一連の出来事は、子供たち自身が「見方・考え方」を生かしながら活動できるように、教師が子供たちの「見方・考え方」を生かせるように関わったことで、「明日はどうなっているのだろう」「予想と違っていたよ！」「次はこうなるかな」などと、驚きや発見、新たな予想をもたらしています。

6月も終わりに近付き、花が咲きはじめるころになると、子供たちからある疑問がもちだされました。それはこういう疑問です。

「花が咲いたあとは、どうなるの？」

このように素朴でささやかな疑問をもつことすらも、生活科の「見方・考え方」を生かしている姿だと捉えることができます。

そこで、私は彼らの疑問を引き取って子供たちと話し合うことにしました。すると、花が咲く前後の様子について、次の3つに整理できました。

A　ロールパンやソフトクリームみたいにねじれている形になる。
B　丸く開いた花になる。
C　きのこみたいに先がふくらんで下は細くなっている形になる。

このAからCまでの順番はどうなるかについて話し合いを続けていくと、「A↓B↓C」と考えた子が7割ほど、残りは「A↓C↓B」と考えた子と「A↓C↓A↓B」と考えた子に分かれます。

「どうしたら分かると思う?」と問いかけると、次の意見が出てきました。

「よく見ればいい」
「観察すればいい」
「本で調べれば分かる」
「図鑑がいいと思う」

そこで、その場はそれで終わりにしておきました。

その日の午後は、たまたま図書の時間がありました。図書室から戻ってきた子供たちは、私の袖を引っ張りながら意気揚々と言います。

「アサガオの本を借りたよー！」

子供たちとの朝のやりとりをすっかり忘れていた薄情な私は内心の動揺を隠しつつ、子供たちにもっともらしく提案しました。「ちょっと時間があるから、読んでみる？」すると、アサガオの本を借りた数名の子のところに子供たちが群がり、自分たちの疑問を解決できそうなページを一生懸命に探しはじめました。

少し経つと、「ぴったりのページがある！」という声があがります。答えは「A↓B↓C」の順。子供自身の力で疑問を解決した姿です。このとき彼らが獲得したのは、詰め込みによってではなく、自ら課題をもちその解決のための情報を探し出して辿り着いた知識です。

さらにすごかったのは、学校帰りにアサガオを見ていた子供たちのつぶやきです。友達と話しながら、本の情報と目の前の自分のアサガオの様子を関連付けていたのです。

「あ、これは明日には咲くんじゃないかな」

「これはつぼみだと思っていたけど、咲いたあとだったんだ」

「ちょっと待って、ランドセルから図鑑を出すから…えーっと、いまのぼくのアサガオは図鑑のここだよ」

まさに、自分なりの「見方・考え方」を生かす姿がそこにはありました。

子供の誤概念の楽しみ方

子供は、「思いや願い」に「自分との関わり」という要素が加わってくると、対象との関わりがより前のめりになります。前節とも重なりますが、たとえば「花が咲いてほしい」という「思いや願い」をもちはじめると、「明日にでも花が咲くんじゃないか」と思ったり、実際に口にしたりします。芽吹いたのは本葉なのに、「つぼみが出たよ！」というぐらいの受け止めです。芽が出ると、「あと3日くらいしたら花が咲くかな」みたいな会話も生まれます。

こうした活動中に生まれた彼らなりの誤概念を正してしまう先生がいます。「違うよ、それはつぼみじゃなくて本葉なんだよ」と。

もちろん「よかれ」と思って正す優しい教師としての親切心なのですが、私は教師のそうした所作をもったいないと感じるのです。なぜなら「これは、おもしろい展開になるかもしれない」と内心ワクワクするからです。

つまり、前のめりになるから誤解や思い込みのようなものが生まれ、だからこそ「実際はどうなんだろうね」と疑問が湧いたりディスカッションする必然性が生まれたり、「確かめてみたら○○だったね」とみんなで納得する瞬間をつくり出せるのです。

このような思いと誤りと活動の行きつ戻りつが、気付きの質の高まり、ひいては概念形成された知識に結び付いていく、それが1年生における主体的・対話的で深い学びなのだと思います。

子どもが口にする誤概念を正す先生、正すわけではなくただスルーする先生、そもそものおもしろさに気付かない先生など様々ですが、「誤概念だな」と気付いていながらも、その場ではわざと放っておいて次の展開を待つ先生、その場をおもしろがる先生が、子供にとっておもしろい先生なのだろうと思います。

生活科の「めあて」と「見通し」は立てるもの

1 学習のゴールとプロセス

嶋野道弘先生は、かつて「授業における『めあて』は、学習のねらいを確認すること」であり、「『見通し』は、学習のなりゆきを察知・推測すること」であると言われました。

「学習のねらい」というと、学習のゴールがイメージされます。殊に生活科においては、具体的な活動や体験が目標であり内容であり方法でもあるとされてきました。

一方、「学習のなりゆき」というと、学習のプロセスがイメージされます。適切なプロセスにおける、子供たち一人一人が自分の学習の見通しを立てられるかが鍵を握ります。
生活科の指導案（本時案）では、「めあてをもつ」「見通しをもつ」という言葉がよく使われますが、このときの「もつ」主体は子供です。そのため、子供たち自身が「立てる」ことができるような教師の働きかけがとても重要となります。
こういったことを整理すると、私は、生活科で必要とされる授業の「めあて」とは、クラス全体の方向性とゴールを表すものだと考えています。
たとえば、次のめあてが考えられます。

[めあて①]「自分のアサガオの芽を見て、アルバムに絵や言葉をかこう！」
[めあて②]「みんなで楽しく砂の町をつくろう！」
[めあて③]「もっと○○になるように、自分のおもちゃをパワーアップしよう！」

一方、授業の「見通し」のほうは、ゴールまでのプロセスのなかで、自分が活動にどう関わりたいかという自我関与の意志だと言えます。

[めあて①] の場合の見通し
「どれくらい大きくなったかを見たいな」
「色がどのように変わったかを確かめたい」

「友達の芽と比べて、同じところと違うところを見付けたい」
「昨日は傘の持つところみたいな形をしていたから、今日は何みたいに見えるかな」
［めあて②］の場合の見通し
「昨日よりももっと大きな山をつくりたい」
「Aくんと一緒に、砂の家をつくりたい」
「川が一周つながるところまで完成させたいな」
「砂のビルができたら、窓を掘ってみたい」
［めあて③］の場合の見通し
「ぼくは車をもっと速くしたいから、風が当たるところを大きくしたい」
「もっと遠くまで跳ぶパッチンがえるにしたいから、どうすればいいかを考えながらつくりたい」

自我関与は、「何を」「どこで」「誰と」「どのように」「いつまで」「どの段階まで」「どのような手順で」など、様々な視点から考えることができます。

2 思いや願いを伝え合えるクラス文化

このように、授業においては、「めあて」と「見通し」の双方を子供たち自身が立てられるようにすることが大切ですが、その前提となるのはやはり子供の「思いや願い」

です。このような話を知人にしたところ、彼は次のように言いました。

「1年生の子供たちが、自分のやりたいこと（思いや願い）を自分から口にすることができるんですか？」

本書の冒頭でも述べたように、子供たちみんなが率先して「自分のやりたいこと」を口にできるようになるのは、ハードルが高いように思えます。そもそも何をしたいのかが自分で分かっている必要があるし、仮に分かっていたとしても、みんなの前で発言するのは勇気がいるからです。このことは、1年生でも6年生であっても同様です。

しかし、一人一人が自分の思いを口にする、願いをみんなに聞いてもらうことから出発しない限り、生活科授業の充実は臨めません。

そこで、「自分がやりたいと思ったことは、みんなの前で口にしてもいいんだ」という文化をクラスに醸成することが大切になります。そのためには、見当外れの意見でも受け止める、「思いや願い」に不正解はない、一人一人に「思いや願い」があるからこそ素晴らしい活動が生まれるんだということを、事あるごとに伝える働きかけが大切になります。

このような継続的な働きかけによって、クラスの文化が育まれ、少しずつ学びにつながる「思いや願い」を伝え合える子供たちになっていきます。

ここでは2つのエピソードを紹介したいと思います。

〈エピソード①〉

ひとつ目は、私の経験です。

4月下旬、「今日の生活科で自分がやってみたいと思うことは何かある？」と尋ねてみると、手が挙がったのはクラスのおよそ3分の1ほど。毎朝行っている「元気調べ」の取組も手伝って、思ったよりも手が挙がった印象です。しかし、私は子供たち全員の手を挙げさせたい。

そのために「やりたいことは何か？」という問いかけを粘り強く繰り返すのですが、その際「やりたいことはどんどん言っていい」「言わないうちは、やりたいことが実現しない」と伝え続けました。このような働きかけを（しつこいくらいに）続けているうちに、秋ごろにはどの子も発言できるようになっていきました。

〈エピソード②〉

ふたつ目は、前著の共著者である相馬先生の経験です。こちらも、「思いや願い」に関わるエピソードで、彼が本格的に総合的な学習の時間の実践に取り組みはじめたころの話です。

彼は子供たち（5年生）に尋ねました。

「防災について学習しようということまでは決まったけど、そのあと、みんなはどうしたい？」

彼が、そのクラスではじめて彼らの「思いや願い」を引き出す問いかけをしたときのことです。しばらく、しんとした空気が流れた後に、彼は意外な返答を聞くことになります。

「先生…何を言っているのか、意味がよく分かりません…」

相馬さんは、一瞬驚いたものの、〝ああ、そういうことか〟と思い直して話を続けました。

「そのままの意味だよ。先生は総合の授業をみんなと一緒につくっていきたいと思っています。みんなとつくるためには、『やりたいと思うこと』『こうなったらいいなと思うこと』をみんなで出し合う必要があるよね。だから、『みんなはどうしたいのか』と聞きました。ちょっとした思い付きでもかまいません。『こうしたい』と思うことを何でも先生に教えて」

するとと、子供たちはそれぞれ顔を見合わせた後、「好きなことを言っていいんですか…？」とつぶやいた子がいました。その後、最初のうちは恐る恐る、次第に子供らしい闊達さで、次から次へと発言するようになっていったのだといいます。

3　人は、自分が思い描いた未来を形にする

学校生活を送るうちに、次のように思い込むようになる子供は少なからずいます。

「次にやるべきことは先生が教えてくれる」
「だから、自分のやりたいことは口にしないほうがいい」
これは、私たち教師の指導の仕方として反省すべき点でもあるのですが、それだけが原因ではありません。

授業は子供にとって、いわばオフィシャルな場です。教科等によっては「正しさ」を求められる場でもあります。そうである以上、授業で「○○は言ってよいのか」「○○は言わないほうがよいのか」多くの子供たちは常に迷います。その迷いが解消されないまま授業を受け続けると、子供は次第に自分の本心を口にしなくなります。

「やってみたい」と思ったことを発言せずに封印してしまう。これを繰り返していると、そのうちに「思いや願い」そのものが萎んでいきます。すると、いつしか「自分のやりたいことが何であるのか」が彼ら自身にも分からなくなってしまうのです。

子供の迷いを打ち消せるのは、授業者である教師だけです。だから、（少なくとも生活科や総合では）繰り返し繰り返し伝え続けるのです。「やりたいことを見付けよう」「やりたいことを発表しよう」と。

「自分のやりたいことを見付ける」「みんなの前で発表できる」ことは、授業ではもちろんのこと、将来にわたり自分自身の人生をつくっていくうえで欠かせないスキルだと私は考えています。

思いは、「自分がどうなりたいのか」という生きる指針をつくり、その指針を実現するための強い願いは、未来の成功に向けての努力や粘り強さの源泉です。**人は、自分が具体的に思い描ける未来しか形にすることはできない**と言います。このことは古今東西変わらない真実のようです。

生活科は、その大切な一翼を担っていると思います。だからこそ、その授業を通して自我関与の意志を表明できる場面を何度もつくり、自分の思いや願いを見付けられるようにする、発言できるようにする資質・能力を、1年生の子供たちに育むことにトライしています。

生活科の1時間の授業づくりの基本

「生活科は、どうやって授業をやればいいのかよく分からない」そんな声をよく聞きます。

活動中心で、教科書を開いて授業を進める他教科等とは異なる教科特性が、その意識に拍車をかけるのだろうと思います。

そこで、私の学校では、生活科・総合の「授業づくりガイドライン」（資料1）に則って授業案を作成しています。これは、1時間の授業の基本形を示すもので、授業づくり

資料１　生活科・総合の「授業づくりガイドライン」

めあて・見通し（約５～10分間）

前時までの活動を振り返る
前時までの活動が、本時の活動と直結する場合には必要である。これを行うことで、本時の活動のめあてや見通しが明確になることもある。

本時の活動のめあてを確認する
学習のねらい＝何を学ぶかということ。前時の終わりに児童と立てておくのが基本。活動目標になる場合と達成目標になる場合の両方がある。

本時の活動の見通しを立てる
学習のなりゆき＝どのように学ぶかということ。一人一人異なることもある。解決の見通し、自己関与の見通し、可能性の見通しなどが考えられる。

三個の活動から、本時のねらいなどに合わせて選択し、発問する順序を考えておく。

中心的な活動（約25～35分間）

個人で活動する
一人一人の思いや願いの実現がもっとも可能となる方法。教師は、事前の予想に基づく環境構成、個別の指導・支援が求められる。友達などとの関わりとともに、個人が学習対象と向き合って黙々と取り組むことも大切にしたい。

少人数で活動する
一人の児童の意見で活動が進むことのないように、話し合い方や付箋の出し方、まとめ方などを、全教科などを通じて指導する必要がある。教師は、指導と評価を行いながら全体での活動に向けて、構想や作戦を立てる。

全体で活動する
グループごとの発表・報告は、原則として実施しない。個人やグループの活動で考えたことなどを、一人一人が自分の言葉で発言する。教師の役割は、児童の発言に問い返したり、構造的な板書をしたりすることである。

本時の目標を踏まえて、三個の活動から一～二個を選択する。付箋や思考ツールを活用するときには、その適切性などを十分に吟味する。

まとめ・振り返り（約５～10分間）

本時の活動のまとめをする
めあてに対応するもの。学習した内容や方法、進捗状況などの整理や確認を意味している。ここまでを見通した板書計画が求められる。

次時のめあてや見通しを立てる
次時では何をしたい（すべき）かを決める。その上で、可能な範囲で、どのようにするのかを考える。次時のめあて・見通しにつながってくる。

本時の活動を振り返る
見通しに対応するもの。自分の学習の省察、捉え直し、味わい直し。基本は、文章を書くことによって行う。振り返りの視点を示すことも有効。

三個の活動全てを行うことが望ましい。それぞれの活動の学習形態は、中心的な活動の内容や方法を踏まえて考える。

※例示した活動は、順不同である。パターン化に注意する。

のよりどころとするものです。

ただし、このガイドラインは「必ずこうしなければならない」という授業の手続きを書き記したものではありません。「押さえるべきことをしっかり押さえたら、あとは授業者のアレンジ次第」という約束事です。

そこで、ここでは、秋の自然や身近にある物などを使って遊ぶ授業を例に、1時間の授業づくりの基本について考えていきます（「1時間の考え方」については、嶋野道弘著『学びの美学』（非売本）35頁、「Ⅳ　学びの本質と授業」を土台として執筆）。

1　めあて・見通し（約5～10分間）

授業の導入部では、次の３つの活動と留意事項を設定しています。

①前時までの活動を振り返る。
②本時のめあてを確認する。
③本時の活動の見通しを立てる。
〈留意事項〉①～③から、本時のねらいなどに合わせて選択し、発問する順序を考えていく。

ここに挙げた留意事項は、①～③の活動を毎時間行わなければならないというものではない、また活動の順序は適宜入れ替えることができる、ということです。
仮に、これらの3つの活動を順番に行うとしたら、どのような授業の導入部となるか、以下参考例を紹介します。
始業のチャイム、日直さんの挨拶のもと授業スタート。

教師　前の生活科の時間では、どんな遊びをしたっけ？
Aさん　どんぐりごまをつくって回したよ。
Bくん　でも、あんまりうまく回らなかった。
Cくん　松ぼっくりのけん玉をつくっていたけれど、途中だった。
Dさん　きれいな葉っぱでしおりをつくっているところだよ。

思ったように意見が出ないようであれば、記憶を想起させるために、前時の活動写真を見せたり掲示物を示したりするとよいと思います。

教師　今日は何をすることになっていたかな？
Eさん　前の時間の続きで、秋の物を使って好きな遊びをすることになっていたよ。

ポイントは、（原則として）めあては「確認」するということ。つまり、前時の終わりに、本時のめあての大体を決めておくことです。このめあてを基に、見通しを立てていきます。

先に述べたように、私たちは、「めあて」と「見通し」を明確に分けて考えるようにしています。

めあては、次のように位置付けています。

【活動目標】 クラス全体として何をするのか。

【達成目標】 何ができればOKとみなすのか。

一方、見通しは、次のように位置付けています。

【学習過程】 学習をどのように進めていくか。

【自我関与】 学習を通じて自分は何をしていくのか。

仮に、前時に「あきのものをつかって、すきなあそびをしよう！」を本時の「めあて」に設定したならば、そのめあてのもとで、子供たちが見通しを立てられるよう、どのような思いや願いをもっているかを問いかけます。

教師　みんなはどんなことをしたいの？
Aさん　今度は友達と競争したい。
Bくん　ぼくは、前はこまがよく回らなかったから、よく回る方法を見付けたい。
Cくん　松ぼっくりのけん玉を完成させて、早く遊びたい。
Dさん　前は、赤い葉っぱでしおりをつくったから、今日は別の色でつくりたい。

このように、前時の振り返りを生かしながらめあてを確認し、それを基に本時における子供一人一人の見通しを立てていくのです。

なお、単元のはじめの段階など、子供自身もどのような「めあて」を立てていくか明確になっていないことがあります。このようなときには、次のように展開します。

①前時の振り返りから、そのまま本時の見通しを立てることにつなげる。
②一人一人の「やりたい！」という発言内容をまとめる形で、「じゃあ今日も、自分の好きな秋の遊びをすることにしよう」と教師がめあてを提案する。

2　中心的な活動（約25～35分間）

ここでは、次の3つの活動と留意事項を設定しています。

①個人で活動する。
②少人数で活動する。
③全体で活動する。

〈留意事項〉本時の目標を踏まえて、①～③の活動から1つないし2つ選択する。付箋や思考ツールを活用するときには、その適切性などを十分に吟味する。

思いや願いを同じくする数名で構成したグループで活動することもあれば、全体で話し合いをすることもあると思います。また、個人で活動していても、自然と一緒に活動したり、子供同士で相談したりすることもあるでしょう。

実際の授業では、子供自身が立てた見通しに基づき、実際につくったり遊んだりするなかで自然と友達との関わりが生まれます。このとき、すべて子供任せにするのではなく、子供の活動とその姿をしっかり見取りながら、関わりのもてない子供を見定めて、直接・間接とを問わず、状況に応じて友達との関わりが生まれるような場を工夫したり言葉かけを行うことがとても大切になります。

3　まとめ・振り返り（約5～10分間）

ここでは、次の3つの活動を設定しています。

①本時の活動のまとめをする。
②次時のめあてや見通しを立てる。
③本時の振り返りをする。

私の実践感覚では、これまで「1」「2」で紹介してきたこととは異なり、「3」の「まとめ・振り返り」については、①～③（まとめ→見通し→振り返り）の順に活動を展開するほうがうまくいきます。それでは、まず「まとめ」から。

「まとめ」は、「めあて」に対応するものです。ですから、問う場合にもしっかり「めあて」に引き寄せて、子供が自分なりの「まとめ」を考え、発言できるようにします。

教師　今日のめあては、『あきのものをつかって、すきなあそびをしよう！』だったね。みんなはどうだった？

Bくん　前よりもどんぐりごまがすごく回った！　細長いどんぐりよりも丸いどんぐりのほうがよく回ったよ。

Cさん　松ぼっくりのけん玉が完成して、遊んでみたらいっぱい入って楽しかったよ。
Dくん　黄色の葉っぱでもしおりができたから、赤と黄色のしおりが揃って、秋の色みたいになったよ。

しっかり「まとめ」の時間を確保することの効用は、本時に自分が何をできたのか、何が分かったのかをクリアにすることにあります。しかし、私はそれ以上に、次時の「めあて」や「見通し」につなげていくことを重視しています。

資料2　振り返りカード

月/日	見つけた	つたえた	かんがえた	いっしょにやった	まえよりもできた

ひととおりまとめ終えた後で、「じゃあ、次の時間はどうする？」と問います。この発問への子供たちの反応が、次の学習につながる、すなわち学習の連続性を意図的につくっていくのです。

その後は、「振り返り」の時間です。

クラス全体で一定程度の共通理解を図る「まとめ」とは異なり、「振り返り」は一人一人が感じたことなので、「みんなと違っていていい」、むしろ「違っているからおもしろい」という特徴があります。

殊に、1年生の場合には、短い文章を書かせる様式だけでなく、あらかじめ教師が用意した選択肢のなかから当てはまるものを選ぶようにしたり、絵などに表現したりすることも、効果的な「振り返り」となるでしょう（資料2）。

生活科の単元を3つのタイプに分類する

生活科の年間標準時数は、1年生102時間、2年生105時間、これを週あたりに換算すると1週間に3時間。この3時間の授業の位置付けをどう考えるかによって、授業の充実度が変わってきます。そこで、（これは私の実践感覚ですが）生活科の様々な単元を次の3つのタイプに整理して考えるようにしています。

①授業での活動が中心となるタイプ
②常時活動が中心となるタイプ
③家庭での活動が中心となるタイプ

生活科は、子供たちの生活圏を学習対象とする教科です。このような教科特性をもっているからこそ、活動が授業時間を越えて広がっていきます。逆に言うと、活動のすべてを①に引き寄せて集約しようとすると、生活科が本来もっている学びのポテンシャルの半分も引き出せなくなります。

そこで、ここでは、単元の３つのタイプの特徴と、タイプごとの授業の位置付けについて考えていきます。

1　授業での活動が中心となるタイプ

このタイプの単元には、たとえば、季節単元、地域単元、遊び単元などが該当します。授業での活動が中心となりますから、授業を通してめあてや見通しを立て、主たる活動を行い、それを振り返り、次のめあてや見通しを立てるという比較的明確な順序性があることが特徴です。

ここで考えておきたいことは、授業での活動が中心といえども、授業が終われば活動も終わるものではないということです。授業での活動はスタートであって、ゴールではありません。授業での活動は、その後の子供たちの日常生活や家庭生活にもちこまれ、再び授業に帰ってきます。

秋見付けの単元であれば、活動に夢中になった子は、登下校の際に道ばたに落ちていた落ち葉を拾って学校にもってきて言います。

「先生、見て、見てー、家の前にも秋が落ちてたよ！」

休日に家族と公園に行ってどんぐりを見付けた子なども同様です。秋を見付けるたびに学校にもってきては報告してくれます。このように、活動を通じて学校・地域・家庭を行き来する双方向性があります。

教師としては、子供の報告を引き取って、その姿を授業のなかで取り上げます。このような取組の繰り返しが、「もっと秋を見付けたい」と子供の意欲を高め、「授業のときだけでなく、いろいろなところに秋がある」という気付きに発展していきます。

2 常時活動が中心となるタイプ

このタイプの単元には、たとえば、飼育単元（生き物の世話）、栽培単元（植物への水やり）などが該当します。授業以外の時間に毎日行う活動が中心となりますから、（当然のことながら）常時活動が充実しなければ、単元を通じた豊かな学びは生まれません。

その充実を期すには、たとえば次のような工夫が必要となります。

①朝の時間などを活用して短時間でも学習対象と関わる時間を毎日確保する。
②子供たちの手の届くところやよく目にするところに学習対象を置く。
③朝の会や帰りの会などで話題にする。

このような工夫を凝らすなかで常時活動を充実しつつ、授業ではお互いの気付きを伝え合う、気付いたことなどを言葉や絵などで表現する、学習対象と自分との関わりを振り返る、これからの関わりについて考えるといった授業を展開していきます。また、活動を通して困ったことを相談し合うこともあるでしょう。

つまり、単元を通して、日々の常時活動で一人一人が気付いたことなどを授業で集約したり整理したりして、その後の常時活動へと広げたり深めたりすることに主眼が置かれます。このようなよい循環をつくっていくためのひとつの方法として、時間割の工夫が考えられます。私は、常時活動を中心とする単元のときは、できるだけ朝の時間直後の1時間目、長い休み時間直後の3時間目や5時間目に生活科を配置するようにしています。

3　家庭での活動が中心となるタイプ

このタイプの単元には、たとえば、家族単元が該当します。自分でできることを考え、家庭で実践する活動が中心となります。

また、入学以前にまで遡って自分の成長について考える成長単元では、家族をはじめとする自分の小さいころを知っている人にインタビューしたり、小さいころに使っていた物や当時の写真などを見たりする活動を展開していきますから、各家庭とのよりよい連携が単元成功の鍵を握ります。

それには、生活科の授業だからというのではなく、学年だよりや学級だよりなどを活用して子供たちの学ぶ姿を発信するなど、平素からの保護者との信頼関係構築が欠かせません。このような関係を築くとともに、単元のねらいや意図を分かりやすく伝えて協力を求めるようにします。

実際、教師の指導意図を理解してもらえさえすれば、家庭は教師の応援団になってくれます。そうなれば、いざ家族単元がはじまるやいなや、積極的に協力してもらえるようになります。

このタイプの単元の場合には、特に家庭での具体的な活動に入る前に、授業で「この単元を通して自分は何をしたいのか」「どのようにしようと思っているのか」という見通しを立てる活動をしっかり行います。また、家庭での活動の後には、「実際に何をしたのか」「どのようにしたのか」「自分の思ったとおりにいったのか」「それともうまくいかなかったのか」を振り返ったり、友達と伝え合ったりする活動を行います。

そこで、このタイプの単元の折には、金曜日に見通しを立てるための授業、月曜日に振り返りを行うための授業を配置するようにしています。

一つの単元全体を見通す

生活科の単元には、他教科にはない大きな特徴があります。それはとにかく長いこと。長いものでは、1単元に30時間以上かけることもあります。

この長さが、単元全体を見通すことをむずかしくしている要因のひとつです。とはいえ、単元全体を適切に見通せなければ、（ややもすると）一つ一つの授業はぶつ切りとなります。すると、せっかく生まれた子供たちの思いや願いが萎んでしまいます。学習に連関性を見いだせなくなるので、そもそも何のための活動だったのか、子供自身にも分からなくなるからです。

このことは、とてもむずかしい課題で、どうやったら子供の学びをつないでいけるか私自身も苦慮していました。様々な試行錯誤の末、現在は、単元を構想するときのひとつのガイドラインとして、以下のイメージをもつことが有効だと考えるようになりました。

そこで、ここではどのように単元を見通していくかを紹介します。

1　きっかけを通して単元と出合う

新しい単元のスタートを切る際に大切にしていることは、子供たちにとって自然な形でずっと単元に入ることです。そのために必須となるのが必然性のあるきっかけづくりです。

アサガオの栽培単元を例に考えてみます。

「それでは、今日からアサガオを育てていきます。今から種を配るので、もらった人は、マジックペンで袋に名前を書きましょう」まずこのような切り出し方をしないよう私は心がけています。

何が問題なの？と思われる方もいらっしゃるかもしれませんが、この切り出し方だと、単元そのものはスタートできても、子供にとっては唐突なスタートとなってしまうからです。そのまま授業を進めていくと、子供は次第にこう考えるようになります。

「次は、何をやればいいんだろう」

「先生が教えてくれるんじゃない？」

〝自分はこうしたい〟ではなく、〝先生がそう言ってるから、それをやればいいんだ〟という受け身の姿勢です。

子供たちの「思いや願い」は、授業を通じて少しずつ膨らませていけばいいのではないかという考え方もあるでしょう。しかし、いったん受け身の姿勢でスタートした単元の途中で、子供たちの「思いや願い」を膨らませ、さらに能動的な活動に切り替えるのは非常にむずかしいのです。だったら、最初から能動的であったほうがいい、そのほうがはるかに楽だし、何よりいいスタートが切れます。

そこで、考えたいことは、子供の「思いや願い」をどのようなときに膨らませておくか、ということです。

もし単元がはじまる前から、「植物を育てたい」という「思いや願い」を子供たちが既にもっていたらどうでしょう。単元のスタートをどう切ればよいのか、あれこれ悩まずに済みます。

子供たちが単元にすっと入れるのは、「私がやりたいことがこれからできるんだ」という自分の「思いや願い」と活動が結び付いて生まれる必然性があるからです。そのために必要となるのが、学びの布石です。

どのような場面でもよいのですが、たとえば、学校探検で校舎の周りを回っているうちに、子供たちが偶然花がいっぱい咲いている場所に辿り着くとします。すると、子供たちは、「わっー　お花がいっぱい！」「きれいだね」などと喜びます。

このシチュエーションは、（言うまでもなく）教師による仕込みなわけですが、このときに、次のように尋ねます。

「幼稚園や保育園のときに、お花を育てたことってあるの？」

すると、子供たちはますます喜んで、栽培の経験を話しはじめます。

「幼稚園のときには、みんなで一緒にプランターで育ててた」

「自分の植木鉢がほしい」

「わたしは植木鉢で育てたことがあるよ。でも、枯れちゃった…」

「ぼくにも育てられるかなぁ…」

こんなこと言い出す子も現れます。次第に、小学校でも育ててみたいという気持ちがムクムクと膨らんでいきます。

ここまできたらしめたもの。

「大丈夫！　みんなだってきっと育てられるよ。自分の植木鉢で花が咲いたら、きっとうれしいだろうね」

これでつかみ（布石）はＯＫ。

いざ、アサガオの栽培単元をスタートする段になったら、次のように切り出します。

「みんな、前に校舎裏で見付けた、たくさんのお花のこと覚えてる？」

2　思いや願いを共有し、単元の見通しを立てる

前述のように、すっと入れる単元と出合えると、「これまでにやったことがあること」を起点として、「これからやってみたいこと」を引き出しやすくなります。

ここでは、秋の遊びの単元を例に考えてみます。

登校中に拾ってきたきれいな落ち葉をみんなに紹介することをきっかけとして単元をスタート。

まずは、みんなで校庭に出かけていって秋見付けを行い、その後、教室に戻ってきて、これまでの経験をもとに「これからやりたいこと」を出し合うことにしました。

「ぼくはどんぐり集めがしたい」

「わたしは落ち葉の飾りをつくりたい」

など、様々な意見が出されました。

ほかにも「秋の虫を探したい」「落ち葉を集めたい」「松ぼっくりでけん玉遊び」など様々です。そこで、次のように促しました。

「まず何からはじめていく？」

子供の一人から次の考えが提案されました。「落ち葉やどんぐりが集まらないと、つくったり遊んだりできないよ」

この発言を受けて、話し合いは一気にヒートアップ。いろいろな意見が出されるだけでなく、小単元の構成ができあがりました。

「まずは、探したり集めたりしよう」

「それを使って、つくったり遊んだり飾ったりしよう」

このような子供が主体となれる学習のプロセスを意図的につくり、小単元の活動が明確に具体化されれば、単元の見通しは自然と立っていきます。

3 単元名を決める

この段階までくると、子供たちのなかで単元の全体像（見通し）がクリアになっています。そうすると、子供たちとの話し合いを通して単元名を決めることができるようになります。

単元名とは、単元を貫くテーマです。短い言葉のなかに、子供たちの「思いや願い」、教師の「思いや願い」を集約するように努めます。そうすることで、たとえ授業が迷走することがあっても、軌道修正できるようになります。

「小学校学習指導要領解説　総合的な学習の時間編」では、単元名を考える際に配慮すべき事項として次の2点をあげています。

①児童の学習の姿が具体的にイメージできる単元名にすること。
②学習の高まりや目的が示唆できるようにすること。

生活科で単元名を決める場合にも、この2点を頭に入れておきます。とはいえ、「単元名」という用語自体は、低学年の子供たちには分かりにくいものです。そこで、私たちのクラスでは「勉強の題名」と称しています。

子供たち自身の話し合いを通して「勉強の題名」を付ける、この行為は、授業に対する学びに向かう力の源泉となります。のみならず、彼らの学びに対する自信を深める効用があります。

私と子供たちは、これまでに次のような単元名を考えてきました。

「おおきくなって！　あさがおいっぱい」

「あきといっしょに　いっぱいげんきよく　あそぼう！」

「かぞくにっこり！　ひみつの大さくせん」

「じぶんってこんなにすごい！～みんなともだちになれてうれしい～」

いずれも教師の指導意図と子供たちのセンスが絡み合うコラボが生み出した、私たちお気に入りの「勉強の題名」です。

4　拡散（体験）と収束（表現）を繰り返す

ここでは、夏の単元を例に考えていきます。

「砂や土、水を使って遊ぶ」ために、どのような「勉強の題名」（単元名）にしようかと話し合った結果、「なつとみんなでたのしくあそぼう！」に決まりました。

「勉強の題名」は、クラスの子供たち全員が向かう方向です。

「ぼくは大きな川をつくりたい！」
「わたしは山をつくってトンネルをあけたい！」

このように、子供たちから「やってみたいこと」があがるのは、「自分たちで『勉強の題名』を決めた」という意識があるからです。いったんそうなれば、その方向に向かって自分の「思いや願い」のもとに活動をつくっていくことができます。

これらの「思いや願い」をもとに砂場で遊ぶ活動は、拡散（体験）している場面です。

次の段階は、実際に活動してみて「楽しかったこと」「嬉しかったこと」「困ったこと」などを伝え合う活動を差し挟む場面です。いくら自分の思いや願いのもとに行った活動であっても、活動をただ繰り返しているだけでは、（子供たちにとってどれだけ楽しい活動であっても）学びは深まらないからです。

この「伝え合う活動」が、収束（表現）している場面です。

「山もトンネルもできて嬉しかったよ」
「川の道は掘れたけど、水を流すところまではできなかった」
「次は、続きで水を流したいね」
「もっと長くして、山の周りを川が囲んだらどうかな？」

実際にやってみてうまくいったこと、うまくいかなかったこと、自分が感じ考えたこと、活動によって生まれた発見を言葉や絵に表現したり、みんなで共有するなかで、子供たちは自分たちの活動のよさやおもしろさを自覚します。それが、気付きの質を高める可能性を生み出し、次の活動への意欲につながります。

すなわち、拡散（体験）と収束（表現）を行き来することのなかに学びが生まれ、広がり、深まっていくのです。単元を通してこのようなイメージをもつことが大切です。

ただし、単元のなかで事細かく、この「この場面は拡散」「この場面は収束」などと、あらかじめ計画に落とし込む必要はありません。拡散と収束の場面は、子供たちの状況によって可変的に（結果的に）決まっていくものでもあると思うので、単元を通して「活動にはこうした行き来があるんだ」ということを念頭に置くということです。そうすれば、いわゆる「這い回る生活科」にならずに済むでしょう。

5　単元を仕舞う

単元の終点をどこにもってくるか、あるいは、単元がもっともよい形で終われるようにするには、どのようにランディングするのが望ましいか。この点についても、迷われる先生方は少なくないと思います。

実際、私自身もいろいろと悩みましたが、現在は次のように考えるようになりました。

「子供たちとの話し合いからスタートした単元。それならば、終わるときだって子供たちと話し合って決めていけばいい」

ここでは、家族単元を例に考えてみます。

家族をにこにこにする作戦を考え、実践し、振り返りながら次の作戦を考えることを繰り返してきました。3回目の作戦会議で、次のように投げかけました。

「これからどうしていくのがいいと思う?」

「作戦をもっとやって、家族をにこにこにしたい!」という発言したことを受けて、「作戦パート4」「作戦ファイナル」のあと2回みんなでやろうと話し合いました。

ほかにも次の意見が出されました。

「急に終わりでは寂しいから、家族ににこにこパーティーをやりたい」

「パーティーでは、自分ががんばってきたことを友達に発表したい」

こうした意見を踏まえ、単元の最後の活動としては、5回の作戦を振り返りながら、以下について伝え合う活動を行うことが決まりました。

○一番うまくいった作戦
○その作戦をやった理由
○自分の家族がどんなふうだったか
○自分の気持ち
○成功と失敗

○作戦のパート1～5までで自分が考えたこと

○これからの自分

子供たちと話し合いながら「単元を仕舞う」といっても、何も特別なことを行うわけではありません。子供の発言や決まった内容だけを切り取って見れば、よく目にするものばかりだと思います。

ただし、決定的に異なることがあります。

古武術の世界では、ひとつの型に「表」と「裏」があるそうです。見た目には同じように見えても、相手に及ぼす効果が全く異なるというのです。それは正しい姿勢と呼吸法に秘密があるそうですが、授業と子供の学びにも似たところがあるような気がします。端《はた》から見れば、授業展開は同じ、子供の発言も同じ、決まった学習内容も同じ。にもかかわらず、子供のなかで培われている資質・能力の質がまったく異なる、ということです。

それはまさに、子供の「思いや願い」から単元がスタートし、活動を通して鍛えられた「思いや願い」をもって単元を終えることを通して生まれる、学びの不思議なメカニズムではないかと私は思うのです。

生活科の指導案づくり

指導案には、学校ごとに（精査・蓄積されてきた）一定のフォーマットがあると思います。多くの先生方はそのフォーマットに則って作成されているかと思いますが、だからといって「必ずこう書かなければならない」という決まりごとがあるわけではありません。

いろいろな形式があってよいのだと思います。重要なのは、そこに教師自身の意図がしっかり示されたものとなっているか、それが一貫性を担保するものとなっているかにあります。

そこで、ここでは、（あくまでも参考までに）私は指導案をどのような手順で、どのような内容を記載しているかを紹介したいと思います。

まずは、指導案の項目を列記します。

1　生活科の指導案の章立て

Ⅰ　単元名（活動期間）

Ⅱ　単元の目標

Ⅲ　単元の評価規準

1　評価規準に盛り込むべき事項

2　単元の評価規準

3　学習活動における評価規準

Ⅳ　単元について

1　学習指導要領上の位置（具体的な視点・主な学習対象・内容）

2　生活科に関するクラスの児童の実態

3　教師の思いや願い

4　年間の主な活動計画と本単元の位置

Ⅴ　研究主題との関連　※研究授業の位置付けなどによって変わる。

Ⅵ　単元の活動計画

・児童の主な学習活動（時数）

・予想される児童の思いや考え

・教師の支援

・他教科等との合科・関連

・評価規準（評価対象）

Ⅶ　本時の活動計画

1　本時の目標
2　本時の展開　※記述内容は、Ⅵと同じ。

2　生活科の指導案を作成する順序

私はまず、「Ⅵ　単元の活動計画」の「児童の主な学習活動（時数）」の骨子をつくるところからスタートします。

子供たちの具体的な活動を考え、イメージがクリアになってきた部分から書いていきます。このとき、「予想される児童の思いや考え」を同時に書き込むことで、イメージした活動が子供たちの「思いや願い」に沿って展開しているかを確かめていきます。これは、「教師として何をするのか」を明確にするとともに、「子供たちのどのような姿を育てたいのか」を明らかにする作業です。

「予想される児童の思いや考え」というのは、授業をスタートする前に立てた「教師としての私の予想」（毎回、一番苦心します）ですが、こうなってほしいという「私の願い」でもあります。

この苦しい段階を経ると、おのずと「Ⅴ　単元について」のなかの「2　生活科に関するクラスの児童の実態」「3　教師の思いや願い」が言語化されていきます。ここまでが、単元レベルでの大きなイメージを描く段階です。

次に、「Ⅵ　単元の活動計画」の「評価規準（評価対象）」（どの場面で、どの観点から、どのような規準で評価するのか）を詳細に考えていきます。このとき、「評価規準の作成、評価方法等の工夫改善のための参考資料（小学校　生活）」（国立教育政策研究所）の「評価規準の設定例」を参考にしながら、自分が考えている単元イメージに合わせて文例を書き換えます。

その後、評価の観点に偏りがないかをチェックするために、「Ⅲ　単元の評価規準」の「3　学習活動における評価規準」に、表形式で観点別に整理しながら写します。この観点別に整理された評価規準を見ながら、それらをまとめ上げることで「2　単元の評価規準」を作成し、さらにそれら3つを再度まとめ上げ、一文にすることで「Ⅱ　単元の目標」を作成します。

この作業を並行して、「Ⅶ　本時の活動計画」以外の部分についても書けそうなところから書いていくことで、単元レベルでの詳細のかなりの部分が埋まっていきます。

ちなみに、「Ⅲ　単元の評価規準」の「1　評価規準に盛り込むべき事項」というのは、同参考資料の「評価規準に盛り込むべき事項」をそのまま写したものです。これは、学習指導要領の内容から逸脱していないかを確認するためのチェック用です。

最後に、「Ⅶ　本時の活動計画」に取りかかります。ここでも、「Ⅵ　単元の活動計画」と同じように、「児童の主な学習活動」の骨子を考え、「予想される児童の思いや考え」に記述することからはじめます。評価規準を併せて考えることで、自然と「1本時の目標」が明確になってきます。このようにすれば、目標と指導（活動）と評価の一体化が図られた指導案となります。

＊

私の指導案作成は、「I」の単元名から順番に埋めていくのではなく、「VI」の活動計画から逆向きに考えながら記述するのがミソです。私は、個人的に「ボトムアップ型作成法」と呼んでいますが、この方法のよさは指導の一貫性を担保できる点にあります。

授業者に求められるＰＤＣＡの姿とは？

新学習指導要領総則において新たに定められたカリキュラム・マネジメントには3つの側面がありますが、そのうちの2つめがＰＤＣＡ（計画―実行―評価―改善）です（1つ目のカリキュラム・デザインについては第3章などで詳述）。

授業者レベルでイメージしにくいのが、このＰＤＣＡかもしれません。というのは、管理職による組織マネジメントを連想することが多いように思うからです。そこで、ここでは教師一人一人が取り組むべき教育課題としてのＰＤＣＡとは具体的にどのようなものかについて考えていきます。

結論からいうと、ＰＤＣＡは、一番最初に「Ｐ」を行い、次に「Ｄ」、そして「Ｃ」↓「Ａ」という順番を遵守し、厳密に行わなければならないものではないと考えています。私にとって、ＰＤＣＡとは次のようなイメージです。

「C」↓「D」↓「C」↓「A」↓…「P」↓「C」↓「D」…

この捉えだと、授業者の現実から乖離しないで済みます。このイメージで、短い場合には1日間、1週間、中期的にも1か月間、1学期間というサイクルで回していきます。かえってややこしく見えるかもしれません。しかし、実は日ごろから教師が普通にやっていることをＰＤＣＡに当てはめているにすぎません。

この場合に想定している「Ｃ」とは子供の見取りであり、「Ｄ」とは「Ｃ」で見取った子供の状況への即時的な対応です。

たとえば、1日のうちの「Ｃ」↓「Ｄ」↓…であれば、朝、登校してきた子が元気がないことに気付いたら（Ｃ）、「何かあったの？」と声をかけてみる（Ｄ）、授業中に子供の集中が途切れ途切れになっていることに気付いたら（Ｃ）、「おしゃべりタイムだよ、ペアで話し合ってみよう」と声かけして対話型の学習を行ってみる（Ｄ）、思うようにいかなかったら、また子供の様子を観察して（Ｃ）、別の方法に切り換える（Ａ）といった調子です。

私の実践では、「朝の元気調べ」と称して、子供一人一人にその日の自分の体調や今日1日どんなことをしてみたいのかなどを発言させていますが、それは、学級全体の今日の様子を知るための「C」、それに応じて今日1日をどのように展開していくか見定めて行動に移す（D）という案配です。

では、「P」はやらなくてもいいの？という疑問があるかもしれませんが、殊に生徒指導の場面であれば、「P」については、教師の指導意図として頭のなかにしっかり描かれていればいいと思います。

授業改善であれば、単元計画や本時案、週案、日案などが「P」に該当すると思いますが、4月当初は（A4 1枚くらいにまとめる程度の）粗々でよいと思います。実際の授業を通じて繰り返す「C」→「D」を通じて見えてきた展望、可能性、課題に基づいて、「P」に書き足していくというイメージです。

つまり、**「P」とは、単元のスタート時点ではなく、いい実践を積み上げていく過程を通じて少しずつ素晴らしくなっていくものだ**ということです。こうした捉えであれば、「はい、最初はこれをやります。次にこれをやります」という段取り重視の流し込みの授業から抜け出せるし、何よりもよいことは、子供たちと一緒に学習計画をつくれる可能性が高まるということです。

それと、もうひとつ。

実は、ＰＤＣＡには隠れた要素があるのではないかということです。それは「Ｖ」（ビジョン）です。１年を通じてどんな子供を育てたいのか、どのような学びを実現していきたいのか、授業者自身の「思いや願い」がこれに当たります。この授業者自身の「思いや願い」なくして、目の前の子供たちの育ちはないといっても過言ではありません。

また、「Ｖ」には、「教師としてこうしたい」「こういう単元にしたい」だけでなく、さらに踏み込んでいくと、「授業をどのようにデザインするか」という段階に至ります。すると、「ＩＦ」がそのなかに入ってくるようになります。「子どもが○○という反応をしたら、□□という授業をやる。だけど、もし△△だったらこういうものもあり得るな」という「ＩＦ」です。

指導案なり学級経営案をつくる際、なかなか書き出せない先生がいます。いくつかの理由があると思いますが、「１ページ目の頭から順番に書いていかないといけない」という思い込みが彼らの手を止めてしまうような気がします。（前節でも述べたように）私は、逆にプロセスやゴールを先に考えるようにしています。

ゴールとは、「１年を通じてどんな子供を育てたいのか」「どのような学びを実現していきたいのか」という教師自身の「思いや願い」を子供の姿でイメージするというものです。そこから遡って、「○○のような子供の姿が実現されるためには、○○の活動が必要なはずだ」「○○のように学びが深まるためには、いつ、どのような活動をしたらよいだろう」と学習活動を具体的に構想しながら授業ストーリー（プロセス）を思い描きます。その粗々版が年度や単元当初の「P」です。

このように、教師が思い描いたものを小出しにしていきながら子供の反応を見る、すると「お！イメージどおりだ」ということもあれば、「まずいな、完全に当てが外れた」ということもありながら、さらに子供の反応をつぶさに観察して「そのまま行くのか」「修正するのか」を繰り返し考え（C）、判断した事柄を「P」に肉付けしていく、ということです。

いずれにしても、**学校生活を通じて何を目指すのか、授業を通じて何を目指すのか、そのベクトルが教師と子供で一致するからこそ、「いい学級」となり「いい授業」が生まれる**のだと思います。そのような意味で、授業者自身の「思いや願い」をよりどころにして、子供たちの「思いや願い」を引き出し、学びの質を高めていくサイクルこそ、授業者がチャレンジすべきＰＤＣＡなのではないでしょうか。

おわりに

　来年4月に小学校入学を迎える子供たちは、夏休みなどにランドセルを買ってもらうと、空《から》のランドセルを背負って家中を歩き回りながら、小学校への期待を膨らませるそうです。園の5歳児のクラスでは、入学が待ち切れないからか、学校ごっこが流行《はや》るとも聞きます。このような溢れんばかりの子供たちの夢と希望に、私たち小学校教員は十分に応えてこられたでしょうか。

　私がはじめて1年生の担任になった年度のお正月。子供たちが送ってくれた年賀状には、美しい桜に囲まれた校門で撮られた入学式の日の写真が載っていました。その笑顔には、これからはじまろうとしている小学校生活への夢と希望に溢れています。それを見て、ふとこんなことを思いました。

「この笑顔、この夢と希望に応える9か月になっていただろうか…」

　私には、低学年教育のおもしろさを教えてくださった師がいます。学部生時代にボランティアに行った小学校で出会った先生です。

　東京都の生活科では名の知れた方でした。教室で起きる目の前の事実をもとに、低学年教育、特に生活科授業を通じた子供の姿のおもしろさを教えてくださいました。それをきっかけに、低学年教育に魅了された私は、こうして小学校教員となりました。その後、理解ある管理職の先生方と出会いました。6年間連続で低学年を担任することができたのは、その方々のおかげです（1年→2年→1年→1年→1年→2年）。

平成27年には「スタートカリキュラム　スタートセット」が発行され、平成29年に告示された新しい学習指導要領では低学年教育やスタートカリキュラムへの言及が行われました。私は日本の低学年教育の転換点に立ち会う機会を得ました。

また、私は全国各地で活躍する素晴らしい先生方との出会いにも恵まれました。様々な角度から指導や助言をいただくなかで、私のなかの低学年教育のイメージや目指す姿はどんどん膨らんでいきました。

本書は、こうした数多くの人たちから得ることができた様々な知見のもとに感じ考え、実践し、失敗し、私なりに挑戦してきた授業づくり、学級づくりをまとめたものです。多くの先生方にとって、1年生や低学年の教育が「おもしろそう！」「やってみたい！」と思えるものとなり、そして先生方の実践に少しでも役立つものとなれば幸いです。

＊

本書の結びに当たり、これまで本当に多くのことを学ばせていただいた子供たちと保護者の皆さまに、感謝の気持ちを伝えたいと思います。ありがとうございました。また、私をいつも温かく支えてくださる同僚の先生方、これまで出会い、指導や助言をくださった先生方にも、心より御礼を申し上げます。

最後になりますが、東洋館出版社の高木聡さんには、低学年教育のおもしろさを本としてまとめ発信する大切さに共感していただき、本書の企画・編集に携わっていただきました。ありがとうございました。

平成30年2月吉日　松村　英治

松村　英治

東京都大田区立松仙小学校教諭

昭和63年7月、愛知県生まれ。東京大学理科一類に入学後、初等教育や生活科・総合的な学習の時間の面白さに目覚め、進学振り分けにて教育学部学校教育学コースに進学。同大学大学院教育学研究科学校教育高度化専攻教職開発コースに進学し、秋田喜代美先生に師事、修士（教育学）。現在も、博士課程に在籍中。

平成21年実施の教員資格認定試験にて、免許状を取得。平成24年4月より足立区立千寿常東小学校教諭、平成27年4月より現職。研究主任として、質の高い授業の展開と同僚性の構築を目指した校内研究を推進。全国の生活科やスタートカリキュラムの充実に向けて、実践提案や研修講師を多数務める。

主な著書に、『「学びに向かう力」を鍛える学級づくり』（共著、東洋館出版社）などがある。

学びに向かって突き進む！
1年生を育てる

2018（平成30）年2月9日　初版第1刷発行

著者　松村英治
発行者　錦織圭之介
発行所　株式会社　東洋館出版社
〒113-0021　東京都文京区本駒込5-16-7
営業部　電話 03-3823-9206
FAX 03-3823-9208
編集部　電話 03-3823-9207
FAX 03-3823-9209
振替　00180-7-96823
URL　http://www.toyokan.co.jp
装　幀　中濱健治
印刷・製本　藤原印刷株式会社

ISBN978-4-491-03457-7　Printed in Japan